改革开放元勋画传丛书

习仲勋画传

“十二五”国家重点图书出版规划项目

习仲勋画传

夏蒙 王小强 著

人民出版社

同心同德，团结奋斗，
坚持改革，开拓前进。

习仲勋

一九八六年四月五日

出版前言

改革开放开启了中国特色社会主义道路，开启了中国的新纪元。邓小平是这条道路的开创者、总设计师与主帅，历史将永远铭记他的不朽功勋。与他一起披荆斩棘的还有他的战友、他手下的大将们，这些改革开放的元勋们和主帅一道团结带领亿万中国人民共同开辟了我们今天的新征程。他们的贡献值得大书特书，他们的事迹值得记忆与敬仰，他们是今天走在改革开放新征程的广大党员干部的榜样与楷模。

为了缅怀这些改革开放的元勋，方便读者特别是广大干部熟悉学习这些楷模与榜样，我们决定出版《改革开放元勋画传丛书》。为使丛书内容早日呈现读者，我们根据书稿撰写进展情况，采取分辑分册方式出版。

中国已进入改革开放的新时代，以习近平同志为总书记的党中央已发出了具有划时代意义的改革开放新宣言。实现这一宣言，需要一大批具有与时俱进、时不我待精神，具有天变不足畏、祖宗不足法、人言不足恤气魄的勇将，需要无数投身改革开放的干部，需要亿万民众的共同奋斗。只有这样，我们的伟大事业才能不断得以向前推进。

人民出版社

2014 年 8 月

目　录

一、淡村塬上的农家少年

在中国历史上，关中大地承载了太多辉煌与沉重。秦、汉、隋、唐等十三个封建王朝在这里建都，王旗招展，日月轮替，以至于诗圣杜甫也驻足感慨——“秦中自古帝王州”。而位于陕西中部的富平向有“关中名邑”的美誉，其北接桥山，南牵渭水，兼有黄土高原之雄浑和八百里秦川之苍莽，“周览形势，胜甲关辅”。自秦厉共公二十一年（公元前456年）设县，迄今已逾两千四百余年。

富平蕴涵富庶和太平之意，寄托着先人们朴素而虔诚的家国理想。当地一首妇孺皆知的歌谣——“文有杨爵，武有王翦，孝子梁悦，忠臣张纨，太子太保孙丕扬，魏徵一梦斩龙王”——传唱的就是千百年来为国为民矢志担当的佼佼者以及唯美的神话。近现代以来更有张青云、焦子敬、张义安、胡景翼等一个个英雄才俊闪亮登场，在救国救民的征程上接力前行。

1913年10月15日，农历癸丑年九月十六，习仲勋就出生在富平县西部淡村塬上的一户普通农家（今属淡村镇中合村中合组）。而习家与富平的渊源，还得从19世纪末期说起。1885年（光绪十一年）初，习仲勋的祖父习永盛和妻子张氏肩挑一双儿女，结束了从河南邓州一路向西颠沛流离的数年奔波，始在淡村塬东头的都村川落住了脚，一边拉长工，一边租种了几亩土地。

淡村塬方圆不过数十里，“厥土黄壤”，适宜耕种，尤以都村一带土地肥沃，乡谚有云“淡村上粪，都村扎囤”。但在光绪初年，富平历三年大旱，田野荒芜，人口锐减，河南、湖北、山东、四川等地的饥民纷纷迁徙而来，淡村塬上也就留下了“九省十八县”的传说。

习永盛在挑着货郎担子转乡途中不意病殁路旁，妻子张

淡村镇中合村远眺

氏领着儿女艰难度日。小名老虎的长子应募从军之后，次子习宗德开始操持家务，小名大女的女儿和三子习宗仁帮着耕种劳作。

习宗德略通文墨，在乡里颇有威信。妻子柴菜花出身邻村一户贫寒农家，据说结婚那天上轿时穿着的绣花鞋还是借来的。

大约在1900年秋，当兵多年的老虎突然回了一趟家，说是护送慈禧太后和光绪皇帝“移驾”到了西安。老虎的双耳在与八国联军作战时被大炮震聋了，他连顿饭都没顾上吃，放下几十两银子就又走了，自此杳无音信。习家用这些银两置了几十亩地，还开了一间烟房，光景渐渐好起来。

习仲勋是家中长子。按照家谱排序——“国玉永宗、中正明通”，到了“中”字辈，习宗德请人为儿子取名中勋，希望长大后有所作为。“仲勋”的名字还是后来在立诚中学读书时由级任老师（即班主任）严木三给改定的。严木三认为“中勋”的“中”字含义太重，就给加了个单人旁，取意公道正直。此外，父亲还他给取了一个小名叫相近。习仲勋在谈到自己的小名时说：“父亲给我取的相近小名，冠以习姓，就成了习相近，恰好与《三字经》中‘性相近、习相远’之义相反。结果上学时，不少同学都说我怎么叫了这么个名字。”

小学同学：习仲勋小时候很会读书

1922年春，年满8岁的习仲勋到村子东边的都村小学上学。在其表弟又是小学同学的柴国栋记忆里满是对他的敬佩："那阵那书难念，念生书，背熟书，念了以后在我这儿玩，人家光玩，到第二天早上百十个学生，人家去了头一个先背书，那人聪明，确实聪明。"

1925年三四月间，都村小学两次组队前往北边十几里外的庄里镇立诚中学，一次是参加孙中山先生追悼大会，一次是参加著名爱国将领胡景翼追悼大会。接连两次走出淡村塬的经历，让少年习仲勋对外面世界充满向往。

1926年春，习仲勋以优异的成绩考入立诚中学高小部，还是名额有限的公费生。习仲勋品学兼优，据经常写榜的同学刘茂坤回忆："每次发榜，仲勋总是名列榜首。"

都村小学旧址

1958 年 9 月 7 日，习仲勋回到都村小学看望师生

立诚中学校训

立诚中学由胡景翼创办于1920年。“立诚”取自《大学》“意诚而后心正，心正而后身修，身修而后家齐，家齐而后国治，国治而后天下平”。胡景翼题写的21字校训——“阐发最新的学说，陶冶理想的人格，创造健全的社会”，旨在鞭策学子以天下社会为己任，积极进取，开拓担当。立诚校歌更是诫勉学子们“莫作白面书生，束在高阁上”。

这所学校是渭北最早传播马克思主义的阵地之一。在严木三的引导下，习仲勋积极参加各种活动，接触到了《中国青年》、《共进》等进步书刊。1926年3月，入学仅一个月就被吸收进立诚青年社。据《中国青年》第123期（1926年6月）载：“立诚青年社在富平县立诚中学内，社员三十余，皆能实地工作者。”5月，由宋文梅、武之缜介绍，习仲勋加入了中国共产主义青年团，时年13岁。

胡景翼（1892—1925），字笠僧，陕西富平庄里人，陕西靖国军著名将领。1924年10月与冯玉祥、孙岳联合发动北京政变，后督办河南。李大钊称赞他“将来同我党合作是个可靠的人”

还是这年5月，由严木三主持成立了富平最早的党组织——立诚党小组。7月，

习仲勋在立诚中学读书的教室

立诚中学藏书楼

在庄里镇召开了斗争恶霸的群众大会，习仲勋等进步学生奔走在游行队伍的最前列。他还在党组织领导下到附近的石窠、董家庄、景家窑、三条沟等地散发传单，张贴标语，组织群众集会。其间，习仲勋和同学宋文梅、程建文皆来自都村小学，在立诚中学的革命活动中表现积极，一时被称为“都村三杰”。

习仲勋在立诚中学虽只度过了一个学年，但他回忆：“我这时认识是共产党好，反正要干他到底。”

2000 年 6 月，齐心在时任陕西省委常委栗战书（左五）陪同下，回到习仲勋的母校立诚中学参观访问

1927年春，习仲勋转学富平县立第一高等小学（简称一高）。当时，被立诚校董会提前解聘的严木三已在那里出任校长。

原富平县立第一高等小学校园南端的望湖楼

一高位于富平县老县城东南隅，校园内耸立的望湖楼是当时富平县城内最高的建筑，凭栏远眺，传说中的富平美景——“南门外湖水好稻子莲花，北门外水长

富平县城新貌

流桥上桥下，西门外圣佛寺一座宝塔，东门外窦村堡千家万家”——尽收眼底。这时，习仲勋由公费生变成了自费生，每星期得徒步往返三十多里回家背馍和咸菜。

在刻苦学习的同时，习仲勋积极参加纪念红五月等革命活动，以及声讨新旧军阀张作霖、何经纬反动暴行的游行示威。据 1927 年 5 月 20 日《陕西国民日报》报道：“富平五九国耻纪念大会规模宏大，参加者热烈，为从来所未有。”

该年后季，白色恐怖袭来，革命活动转入隐蔽。中共富平特支曾秘密开会讨论习仲勋入党的问题，由于尚不满十四岁，从立诚转来时间不长，最终未获通过。严木三先生晚年感慨地说：“习仲勋的表现已完全达到了共产党员的标准。”

二、在狱中成为共产党员

1928 年春，习仲勋考入陕西省立第三师范（简称三师，位于三原县城）学习。这里是严木三先生的母校，更是渭北革命活动的重要阵地。

谁也想不到，入学不久，一次“左”倾盲动主义影响下的学潮给习仲勋带来了四个多月的囹圄之灾。反动当局将习仲勋等几名进步学生及中共三原县委学运干部武廷俊先后捕押，两个月后移往西安军事裁判处。4 月的一天，武廷俊和习仲勋秘密谈话，宣布他转为中国共产党正式党员，仍保留团籍，作为跨党分子活动。是时，习仲勋还不到 15 岁。

在武廷俊领导下，习仲勋等人将监狱作为课堂，进行不屈不挠的斗争。他们从每人四串钱的伙食费中分出一部分，给关押在一起的马鸿宾部逃兵改善伙食。学生们都被砸上了沉重的脚镣。受感动的逃兵就从裤子上撕下一块布，给学生把脚镣仔细地缠裹上。习仲勋回忆：“我在狱中的一切行动，都听武廷俊的指示，他分配我干什么、

习仲勋不满 15 岁时在狱中转为中国共产党党员

如何干，我都坚决地按他的吩咐执行。”

挨到8月间，当陕西省政府主席宋哲元亲自提审了这些学生，看到都是稚气未脱的孩子时，他当即拍板“交保释放”。据习仲勋的堂弟习仲耀说：“我父亲（即习仲勋的叔父习宗仁）就找了一个西安的铺保，这是我们淡村人，在那里开铺子的，就把他领回来了。”

习仲勋回到家里，让忧劳成疾的父亲习宗德感到了几分宽慰。他对儿子的革命选择并没有埋怨，只是对儿子说：“你还小呢，等你长大了再当共产党的代表，为穷人办事就好了。”

11月，习宗德不幸病逝。少年习仲勋经受了人生中一次沉重的打击。

原陕西省立第三师范所在地，现为幼儿园

习仲勋在狱中患上了严重的湿疹，不能下地走动。好友宋文梅来看望他，说狱中转党的事他已知道，会尽快告诉富平党组织。

习仲勋这时候仍然渴望“选择一所学校再读几年，以充实自己的知识”，但因为以共产党嫌疑而坐过监狱，求学之路四处碰壁。

斯时，关中天灾不断，饥荒蔓延。15 岁的习仲勋加入到了饥民们驮盐换粮的队伍中，用富平东部盐滩里产的锅板盐到北边的山里换回玉米、豇豆等粗粮。生活的苦难和可怕的年馑如影相随。到了 1929 年 6 月，母亲又突然病逝。少年习仲勋身无分文，无力埋葬，只能先将母亲的一口薄棺厝在门房里，两年后才草草下葬。

劳动人民的困苦生活和自身的悲惨遭遇，不断磨砺和击打着少年习仲勋的心灵。这时候，他读到了现代作家蒋光慈的小说《少年飘泊者》，主人翁与他相似的命运和不屈的奋斗带来了心灵的震撼。当时，与淡村相邻的三原县武字区成立了筹赈委员会。他多次往返武字区，和筹赈委员会主任

小说《少年飘泊者》

习仲勋和胞弟习仲恺在一起

黄子文等人取得联系，在淡村积极组织开展筹赈工作，并秘密发展了干哥周冬志以及同乡青年胡振清、姚万忠、刘铭世等人入党。

这年冬，习仲勋参与组织了淡村农民协会打击张长庆民团的斗争。农协会员收缴民团长短枪二十多支，将张长庆绑缚在石家堡城门楼上，召开群众大会，宣读了二十条罪状，后因疏忽使其逃脱。当局迅速反扑，残酷镇压。农协会员、习仲勋的姨夫党正学前去进行说理斗争，惨遭杀害。习仲勋曾携带一团麻绳去解救被押在石家堡城门楼上的党正学而未果，晚年还向弟弟习仲恺谈起这件憾事。

这是习仲勋成为一名共产党员之后第一次参与领导群众工作和武装斗争，发展了党员，打下了基础。他后来说："1932年冬，我之所以能带着少数武装回到富平西区我的家乡一带，发动群众搞分粮斗争，开展游击活动，就是靠我 1929 年在家乡的一些活动而站住脚的。"

三、两当兵变的枪声

1932 年 4 月 2 日凌晨时分，陕甘交界处的陇南山城两当，骤然响起的激烈枪声划破了夜空的寂静，习仲勋和刘林圃领导的两当兵变如期打响了，三个反动连长被击毙，营长听到枪声爬上西山跑掉了。鸡鸣时分，一支三百人的革命队伍在县城北门外的窑沟渠旁迅速集合，伴着清洌的广香河水向北边的太阳寺方向胜利进发。

早在 1930 年 2 月 6 日（农历正月初八），习仲勋按照党的指示，西去长武，到地方武装毕梅轩部王德修支队开展兵运工作。

三四月间，习仲勋和李秉荣、李特生等人两次在长武县西门外的药王洞秘密开会，决定建立党小组，以二连为中心开展工作，分头下到连队争取士兵。后习仲勋由队部文书改任二连见习官。在发动士兵进行日常斗争的同时，党小组还秘密成立了红军之友社。

吕剑人回忆策动两当兵变

6 月，该部被甄寿珊改编为西北民军第一

师第二支队。7月，习仲勋所在的二连移防亭口。亭口是古丝绸之路的重要驿站。在习仲勋的影响下，骡马店主王志轩、士绅刘士荣、小学校长刘警天等人倾向革命，骡马店也成为秘密联络点。

11月，该部被杨虎城收编为陕西骑兵第三旅第三团第二营，移防彬县，习仲勋改任二连特务长。在此前后成立了营委，李秉荣、李特生先后任书记，并在各连建立了支部，党员有30多人。

进入1931年春，兵运工作几经考验。在第三旅做兵运工作的刘志丹被旅长苏雨生关押于彬县，追随刘志丹的王世泰找过来同习仲勋商议去留问题。针对搞些武器拉出去的想法，

长武县药王洞遗址

兵运时期的习仲勋

习仲勋认为军阀对武器看管极严，夺枪不易，彬县又地处西兰公路，很难拉出去，也不利于保存力量。习仲勋给王世泰留下深刻的第一印象："我和仲勋第一次见面、第一次谈话，印象非常深刻。虽然年轻，分析的情况非常实际。"

4月，苏雨生率部叛变杨虎城。紧急关头，习仲勋和李秉荣、李特生召集党员骨干商议，提出"消灭第一团，投靠杨虎城"的口号，得到全营官兵响应。二营向苏雨生留在彬县的第一团发起猛烈攻击，待杨部赶来时，战斗已然结束。嗣后，该部又被杨虎城改编为陕西警备第三旅第二团第一营。

5月，一营移防凤翔县北仓，习仲勋接任营委书记。

兵运工作渐趋成熟，全营 4 个连都建有支部，每个支部都有党员 20 多名。期间，中共陕西省委还曾两次派人催促起义。

1931 年冬，一营开赴陇南与川军作战，战后，分驻陕甘两省，营部和一连、机枪连驻凤州城，二连驻双石铺（今凤县县城），三连驻两当县城。至此，该部在两年间已经三次易帜，防地也辗转千里。

革命活动引起上层觉察，团长用“掺沙子”的办法换掉了一营四个连长中的三个，以机枪连为重点，连长李秉荣被

习仲勋（左一）与刘书林（左二）、刘希贤（右一）等人拍摄的“金兰照”

凤州文昌宫国民模范小学旧址

调离，连队被解散重组。习仲勋带领军需文书刘书林及时到重新组建的机枪连开展工作，积极争取班排长。他还将文昌宫国民模范小学教员刘希贤培养成革命积极分子，以刘家作为秘密联络点。刘书林曾回忆："习仲勋告诉我，母亲（党组织）说了，我们一定要在机枪连发展党员，开始可以先同他们交朋友，工作逐步深入。"习仲勋还和刘书林、刘希贤等人拍了"金兰照"，这也是他迄今所见最早的一张照片。

1932 年 3 月，团部又突然作出换防决定，要一营向西南移动一百多里，进驻甘肃徽县、成县一带。这一决定适得其反，引起士兵强烈不满。形势迫在眉睫，时机已经成熟。3 月下旬，习仲勋和陕西省委军委秘书、特派员刘林圃在双石铺北面丰禾山上的古庙内召开会议，决定利用换防之机在甘肃两当举行兵变，兵变后向北和刘志丹率领的陕甘游击队会合。

刘林圃

4 月 1 日，全营进驻两当，一连驻北街南端，二连驻南街，营部驻县政府西侧一个地主宅院，三连驻县政府内和西街，机枪连驻北街。晚 9 时，习仲勋在北街一个骡马店内主持召开营委扩大会议，决定刘林圃担任兵变指挥，习仲勋组织领导全营行动。

兵变按预定计划取得成功。3 日中午，部队在太阳寺改编为中国工农红军陕甘游击队第五支队，刘林圃任政委，习仲勋任队委书记，吴进才任队长，几天后由许天洁接任队长。部队在一张残缺地图的指引下，渡过渭河，进入陕西，在麟游县蔡家河被国民党军堵住去路。习仲勋召集营委会议，决定许天洁带领部队绕道奔赴永寿县岳御寺休整待命，由习仲勋和左文辉到亭口做渡泾河的准备，刘林圃和吕剑人到乾县同刘文伯部谈判以争取时间。

两当兵变旧址

太阳寺

三天后，竟得到了部队在岳御寺宿营时被土匪王结子部包围并打散的消息，习仲勋只得暂时栖身在王志轩骡马店的一个拐窑里。

刘林圃、吕剑人得知兵变失败，到西安向省委汇报时被逮捕。不久，刘林圃即被杀害，年仅23岁。

两当兵变悲壮地失败了，但兵变的枪声震动陕甘，永远载入了西北革命的史册。

四、初会刘志丹、谢子长

1932年6月初，习仲勋秘密返回家乡。8月，在和陕西省委组织部长、来渭北巡视工作的程建文等人相见后，习仲勋决定北上照金寻找陕甘游击队和刘志丹。

照金位于桥山山脉南端，北倚子午岭，南俯渭北高原，东临咸榆大道，西北接甘肃正宁三甲塬等地，山高沟深，梢林密

照金杨柳坪

刘志丹

谢子长

布。习仲勋在本村农民周明德（周冬志的三叔父）帮助下，以驮盐换粮作掩护赶到照金，在老爷岭周冬志家里住了下来。

表弟柴国栋回忆习仲勋寻找刘志丹经过

9月初，习仲勋在照金西边的杨柳坪先后见到谢子长和刘志丹。刘志丹和谢子长是西北革命的传奇人物，两人对领导发动了两当兵变的习仲勋都非常器重，不约而同地把创建根据地和组建游击队的重任交给了他。

为了“筹粮筹款，征集冬衣”，陕甘游击队准备向南游击。谢子长对习仲勋说：“过去我们没有根据地，现在要搞。从关中逃难过来的饥民多，你在这儿人熟地熟，工作条件好。我们没有枪支弹药留给你，你要在发动群众的基础上，成立农民协会，组织游击队，开展游击战争。”

刘志丹鼓励习仲勋：“干革命还能有不失败的时候？失败了再干嘛！”他特意将特务队（即刘志丹的警卫队）留在照金，并说：“你是关中人，还种过庄稼，能跟农民打成一片，你一定要做好根据地的开辟工作。队伍走了，你们会遇上很大困难，只要政策对头，紧紧依靠群众，困难是可以克服的。”

在此前的 6 月 1 日和 8 月 25 日，中共陕西省委相继作出《关于创造陕甘边新苏区与游击队的决议》和《关于帝国主义国民党四次“围剿”与创造陕甘新苏区的决议》。根据省委指示精神和刘谢两人的重托，习仲勋留在照金，肩负起“根据地

老爷岭

的开辟工作”。

习仲勋在周冬志家旁边搭了一个窝棚，托人将姑妈接上来住下。他每天和群众一起种庄稼，还把堂弟习仲杰、弟弟习仲恺、表弟柴国栋等人都叫来参加革命工作。

老爷岭位于照金街道东南十余里处，是一条西北东南走向的山梁。习仲勋和周冬志在周围的南趟子、金盆湾、北梁、陈家坡、韩家山、杨山、胡家巷等村子发动群众，建立农工会等组织，将老爷岭的王金柱，胡家巷的姬守祥（姬老六）、胡建海，南趟子的于德海，金盆湾的王治周、王治林兄弟，北梁的王满堂，房耳上的王万亮等人发展成积极分子，“有些都是把兄弟”，彼此间“亲得很”。这是照金地区在贫苦农民中培养出来的第一批革命骨干，为红色政权的建立准备了干部。

民团经常来搜捕，村子里晚上不能待，习仲勋就睡在半山腰一个烧木炭的窑洞里。他晚年还感慨地说：“老百姓好，你没有这些关系不行。”

10 月中下旬，发生了特务队中队长陈克敏叛变并杀害队长程双印的突发事件。据习仲勋回忆：“这时，正是收棉花的时候。我就把这个特务队带到武字区。”

以三原的武字区和心字区为中心的渭北苏区，位于三原与富平、耀县、泾阳、淳化等县交界地带，是党在陕西创建的第一块革命根据地。特务队改编为武字后区游击队，亦称渭北游击队第二支队，习仲勋任指导员，在耀县西塬、华里坊、让牛村一带打击土豪劣绅，建立农民联合会，开展分粮分地。

在“左”倾盲动主义驱使下，渭北苏区连续三天召开群众大会并举行大游行以纪念十月革命节。11月9日，当局纠集三原、富平等六县民团和一个营的驻军全面“清剿”，苏区被洗劫一空。

习仲勋转移到照金，照金也到处捕人，便决定武字后区游击队转移到旬邑活动，他带着两支花筒枪、两把短枪和两支长枪秘密回到家乡淡村。年底，在唐家堡同学岳强明家指导成立了淡村党支部，由姚万忠任书记，又帮助成立了淡村游击队，由岳强明、刘鸣凤负责。武字前区游击队也来到淡村，习仲勋任该队政委。

年关将至，群众吃粮极为困难。习仲勋发动群众在富平西区积极开展分粮斗争，半个月就达到几千人，并成立了农民总

淡村游击队使用的马刀

会。1933年1月，贾拓夫在《关于渭北斗争情况的报告》中说："在都村、淡村、盘龙一带，也同样地开展了群众分粮杀豪绅的斗争，和武字区连接起来，形成了一个赤色区域，富平国民党、地主豪绅的统治达不到那里。"

1933年2月，习仲勋任共青团三原中心县委书记，在县委书记赵伯平领导下，分别在省立第三中学和驻三原的王泰吉部发展了一批党员，建立了党的组织。

五、创建照金革命根据地

1933 年 2 月底，习仲勋在西安东关三八旅社同陕西省委书记孟坚进行了两次谈话，听取了去红 26 军工作的具体安排。

红 26 军是 1932 年 12 月 24 日在陕甘游击队基础上改编而成，但在政委杜衡的强令下，“先打了庙湾夏玉山民团，惹得附近民团联合起来同红军作对；后又烧了香山寺，一千多名和尚也成了对头。敌人越打越多，地盘越打越小。”习仲勋在武字区一个秘密联络站和返回西安途中的杜衡不期而遇，算是第一次谋面。杜衡对领导了两当兵变的习仲勋印象和态度都“还可以”。习仲勋随南下渭北的红 2 团一起行动，临时担任少年先锋队指导员，对“左”倾机会主义路线的错误逐步有了了解。

大西北第一块山区革命根据地

3 月 8 日，中共陕甘边区特别委员会在照金兔儿梁成立，金理科任书记，习仲勋任特委委员、军委书记，主要负责地方武装和筹建政权工作。之后，习仲勋还兼任共青团特委书记。

兔儿梁

习仲勋数月前就在老爷岭一带做群众工作，撒下了革命的第一批种子。再到照金，习仲勋带领周冬志、姬守祥、王满堂、王万亮等人一村一村做调查研究，一家一户做群众工作，很快组织起了农会、贫农团和赤卫军，积极领导群众进行分粮斗争。游击运动也随之扩大起来，旬邑、耀县、淳化等地的游击队一下子发展到20多支。

在群众工作和武装斗争的坚实基础上，1933年4月5日，适逢清明节，中共陕甘边区特委在兔儿梁召开工农兵代表大会，成立了陕甘边区革命委员会，选举雇农出身的周冬志为主席，习仲勋为副主席兼党团书记。兔儿梁呈东西走向，于远处眺望，恰似一只静卧之中的小兔子，随时准备闪转腾挪。梁下是一个小山坳，散落着十数户人家，红军战士和干部群众来来往往，各项工作井然有序。

革命委员会下设土地、粮食、经济、肃反等委员，由王满堂、姬守祥、杨再泉、王万亮等分别担任，黄子文实际上担负着秘书长的职责，并下设政治保卫队，由周冬志兼指导员。根据《中华苏维埃政府组织法》，基层政权建设迅速推开，革命委员会领导着区、乡、村三级政权体系，其中区级革命委员会有照金、庵子洼、桃曲塬 3 个，乡级革命委员会有香山、芋园、陈家坡、黑田峪、金盆湾、绣房沟、北梁、老爷岭、七界石、马栏川等 10 余个，形成了比较完备的红色政权体系。

革命委员会积极贯彻《中华苏维埃共和国土地法》等法令，

薛家寨

坚持谁种就归谁的原则，采取打木桩、插木橛以定地界的方式，实行只分川地不分山地，富农只没收多余的土地的政策，并明确主张保护中农，还对土地不足的中农予以补充。分地首先从绣房沟开始，仅芋园乡就分配了耀县学堂和香山寺的土地2000余亩，金盆乡分配了李家、梅家两家大地主的土地5000余亩。同时，明令废除地主租佃和国民党政府的苛捐杂税，实行了分粮食、分牛羊（富农多余的牛羊并不分），戒烟、戒赌、放足等各项政策，得到老百姓真心拥护。

革命委员会鼓励群众多种地，多打粮，为此还专门设立了义仓，主要就是“别处的群众来了，没有什么吃的，有些人跑到这儿种地，大家凑一些粮作为阵地”。

同月，红26军党委决定对陕甘边区游击队总指挥部进行改组，由习仲勋任政委，黄子文接任总指挥。针对“革命是谁来都行”造成队伍不纯和不时侵犯贫农利益的行为，改组后的游击队总指挥部领导了对游击队的彻底整顿，坚决遣散成分不纯人员，重新整编为耀西、淳化、旬邑3支游击队，并及时建立政治工作制度，使之成为保卫根据地的主要武装。

同月，陕甘边党政军领导机关进驻薛家寨。薛家寨传说以薛刚屯兵反唐而得名，东、西、南三面绝壁，仅西北角有吊桥和其他山岭相接。游击队总指挥部组织群众改造山寨，构筑工事，整修岩洞，夯筑堞墙，利用天然形成的4个岩洞，设立了游击队驻地、被服厂和医院、修械所、领导机关驻地，并设有

刘志丹、习仲勋等人领导创建的照金革命根据地是西北第一个山区革命根据地，许多革命旧址历经80余年风雨沧桑至今保存完好。图为一号岩洞（游击队驻地旧址）

二号岩洞（红军医院和被服厂旧址）

三号岩洞（修械所旧址）

军需仓库和临时监狱。

薛家寨被服厂是红军时期最早的被服厂之一，时有女工三四十名，平时是工人，战时是游击队员。医护人员多用土办法治疗枪伤，用中草药做成捻子插入伤口换药。修械所工人最多时达六七十人，技术工人多由陕西省委从西安派来，生产的“麻辫手榴弹”在反“围剿”战斗中发挥了很大作用，至今在岩石上还清晰留存着当年放置模具的一个个孔洞。

为促进流通，革命委员会在薛家寨下面的亭子沟设立了集市，主要交易粮食和蔬菜，坚持群众先买、公买公卖的原则，活跃了市场，又为红军筹集了粮食。集市很受群众欢迎，开始规定五日一集，后来基本上天天都有买卖。

修械所内放置模具的孔洞

四号岩洞（特委和革命委员会机关驻地及仓库旧址）

经过政权建设、土地革命和发展经济，以照金为中心的陕甘边苏区不断得到巩固和拓展，涵盖了耀县、旬邑、淳化、宜君等交界地带百余里的广大区域。这是中国共产党在大西北成功建立的第一块山区革命根据地。

曾任红 2 团团长的王世泰这样评价习仲勋的工作："仲勋是陕甘边区特委军委书记和总指挥部的政委，很多军事活动需要他去领导和指挥；他又是筹建根据地民主政权的主要负责人，有许多具体工作需要他去做。革命委员会主席虽然是周冬志，他是按照上级要求必须选出一位雇农来担任主席的，人老实又没有文化，大量的工作是习仲勋做的，大大小小的事情都得他亲自过问、亲自指挥、亲自操作。"

红军栈道遗址

1933 年 5 月下旬，习仲勋和黄子文带领政治保卫队在鞍子坡遭遇土匪陈克敏部袭击，他在掩护黄子文和战士们撤离时负伤，将热血洒在了苏区的土地上。

六、陈家坡会议力挽危局

1933年6月17日，陕甘边特委和红26军党委在照金北梁召开联席会议，杜衡因屡屡碰壁而丧失信心，以政委身份强令红2团南下渭华。正在薛家寨养伤的习仲勋未能参加会议。据接替他担任游击队总指挥部政委的张秀山回忆："边区特委书记金理科等人反对南下，赞成刘志丹的意见。习仲勋未参

北　梁

王泰吉（1906—1934），陕西临潼人，1924年考入广州黄埔军校第一期，在校加入中国共产党，参与领导了渭华起义，1934年在西安英勇就义。曾任红二十六军四十二师师长，是陕甘边区革命根据地的创建者之一

加会，但他委托金理科在会上转达了坚持陕甘边斗争的意见。”

刘志丹和王世泰被迫率红2团300多人南下渭华，终至失败。时任中共陕西省委书记的袁岳栋和杜衡又相继在西安被捕叛变，陕西党团组织遭到最严重破坏。

值此危急时刻，在国民党第十七路军骑兵团担任团长的王泰吉率部起义，在与敌军激烈战斗后，将部队改编为西北民众抗日义勇军开赴照金地区。这时，张邦英、陈学鼎等带领新组建的耀县游击队和杨森、黄子祥等带领由渭北游击队改编的红4团也相继进入照金。

王泰吉起义部队来到照金时，伤未痊愈的习仲勋得知这一消息，喜出望外，亲自带领政治保卫队和耀西、淳化、旬邑3支游击队前往迎接，几经辗转，于傍晚时分在薛家寨脚下的绣房沟终于相见。习仲勋握着王泰吉的手响亮地说：“泰吉同志，欢迎你！”王泰吉自责道：“你们看看，我才带来这么一点儿人。”习仲勋笑着宽慰他：“想跑的跑了，革命意志坚定的都留下来了。有了这个力量，咱们以后就好大发展了！”

这时，没有了上级党组织的指示，又没有一个共同服膺的主心骨，国民党军队随时都可能进山“清剿”，革命武装何去何从，根据地要不要坚持，一时各种意见分歧严重，争执不下。

8 月 14 日，陕甘边党政军联席会议在陈家坡召开，由特委书记秦武山和特委军委书记习仲勋等担任会议主席。会议的中心内容是讨论重建主力红军，扭转被动局面的问题。参加

习仲勋：红军和革命力量不能分散

陈家坡会议旧址

金盆湾

会议的有李妙斋、张秀山、高岗、张邦英、陈学鼎、杨森、黄子祥、王伯栋、黄罗斌、赵宝生（即包森）等连以上党员干部10余人。

陈家坡是一架西北东南走向的山坡，西面是山梁，东面是深沟，是薛家寨通往北梁、金盆湾、胡家巷、高山槐以至渭北等地的必经之路。

会议从下午一直开到第二天太阳高照，围绕三个问题逐一争论：首先是三支武装要不要统一指挥，是集中行动还是分散活动。少数人有悲观失望情绪，认为组建主力部队目标太大，应回各地打游击，多数人主张集中起来打击敌人，才能有力量。其次是总指挥人选。多数人主张王泰吉任总指挥，少数人认为这是义勇军领导红军，不同意。最后是关于高岗担任政委问题。多数人同意，少数人反对。会议采纳了习仲勋和秦武山、张秀山等多数人的正确意见，决定成立陕甘边区红军临时总指挥部，统一指挥义勇军、红4团和游击队，推举王泰吉任总指挥，高岗任政委。在习仲勋提议下，决定南下未归的刘志丹任副总指挥兼参谋长，暂不宣布。

陈家坡会议仍以创造和扩大陕甘边苏区为中心口号，制定了集中主力，不打大仗打小仗，积小胜为大胜，广泛开展游击战争，深入开展群众工作的战略方针，在陕甘边革命斗争的历史转折关头力挽危局，攥紧了拳头，凝聚了力量。这是一次关键性的会议，对加强党对红军和游击队的统一领导，对主力红

胡家巷

军的重建和军事斗争形势的改变，对之后撤离照金，开辟以南梁为中心的陕甘边根据地具有极其重要的历史意义。

新组建的陕甘边区主力红军先后歼灭了让牛村雷天一民团和庙湾夏玉山民团各一部，继而袭击了柳林民团，歼灭了底庙民团一部，接着又智取旬邑县城所在地张洪镇，连战连捷，打出了声威。主力红军外线出击时，习仲勋和李妙斋、张秀山等带领军民用“麻辫手榴弹”一次次打退了敌人的进攻，取得保卫薛家寨的第一次胜利。

习仲勋晚年回忆说：“这下来（指陈家坡会议后），他们都到北边去了，高岗是政委，他们把好枪都拿走了。以后我又搞起了旬邑游击队、淳化游击队、耀西游击队。群众的革命情绪高得很，只要你把群众领导起来，那到处是一堆干柴，你一点就着火了。那个时候开展游击队并不要你去多少，只要有个人去，游击队就建立起来了，枪支也有了，弹药也有了。那个民团我们还搞统一，有的时候就是民团里面的人给我们送来了。所以那阵儿我还觉得干得快活得很。”

中秋节归来的刘志丹第一件事就是看望养伤中的习仲勋，他兴奋地说：“这就好了！陈家坡会议总算排除了错误路线，回到正确路线上来了。”

七、边区政府的“娃娃主席”

1933 年 10 月 12 日，面对国民党军 4 个正规团及各县民团共计 6000 重兵的“围剿”，刘志丹带领主力红军主动撤离照金。

照金苏区是西北党和红军第一次在山区建立根据地的尝试，是红 26 军的立足点和出发点。同年 11 月初，陕甘边党政军负责人联席会议在甘肃省合水县包家寨召开，决定分别以安定（今陕西省子长县）、南梁和照金为中心，开辟三路游击区。其时，习仲勋仍留在照金地区，因为“他有群众基础，白天藏入树林，晚上出来坚持做群众工作”。

1934 年春节前夕，习仲勋赶到南梁地区，担任第 2 路游击总指挥部队委书记兼义勇军指导员。

南梁位于甘肃省华池县东部，地处桥山中段大梁山南麓，是陕甘两省华池、合水与富县、保安（今陕西省志丹县）交界之地，包括葫芦河上游及其支流各川道，沟壑纵横，土地辽阔。

习仲勋到来后，以南梁堡为中心，按照“先进行群众工

南梁堡

作，建立革命武装，开展游击运动，再开辟根据地，建立工农政权”的方针，带领游击队扫除了阎家洼子、东华池、南梁堡等地的民团和二将川的地主武装，然后带头深入到一家一户做宣传组织工作，发动群众起来分粮食、分牛羊。雇农会、贫农团、农民联合会、赤卫军在二将川、白马庙川、南梁堡、荔园堡、豹子川、义正川、五堡川、白马川等几条川里竞相成立。习仲勋还派出吴岱峰、刘约三到保安组织游击队，王子良到合水整顿游击队，吴亚雄到安塞建立游击队，杨丕胜组织扩大义勇军。

老赤卫队员蒋成英回忆说：“习仲勋给大家讲咋样打土豪，咋样分田地，咋地保护你的土地。你把土地保护好，地主打倒了，没人压迫了。这个地方的人大多数都是陕北逃难下来的穷难户。他和群众的关系是走到谁家老老少少都是大人娃娃往跟前撵。”

以南梁为中心的陕甘边红色区域迅速拓展到保安、安塞、甘泉、富县、庆阳（今甘肃省庆城县）、合水、宁县、正宁、旬邑、淳化、耀县、同官（今陕西省铜川市）、宜君和中部（今陕西省黄陵县）等14个县的大部分地区。1934年2月25日，红42师党委在小河沟四合台村领导召开了群众大会，再次选举成立了陕甘边区革命委员会，习仲勋担任主席，黄子文担任秘书长。5月28日，中共陕甘边区特委在寨子湾恢复。

这一时期，习仲勋和刘志丹等人盼星星盼月亮一样渴盼着

荔园堡

能与上级党组织取得联系，几次三番派人出去寻找，拿出许多元宝给这些同志做盘缠，但是一无所获。

10 月，陕甘边区军政干部学校在荔园堡成立，刘志丹兼任校长，习仲勋兼任政治委员。一天，刘志丹正组织军事训练，看见习仲勋走过来，他立即敬礼报告，请习仲勋检阅队伍。习仲勋感到很是承受不起。刘志丹事后告诉他，我们共产党员要拥护我们自己建立起来的政权，如果我们不尊重，老百姓也就不在乎了。

随着根据地的不断扩大，建立苏维埃政府已经成为进一步发展壮大的关键环节。1934 年 11 月 1 日至 6 日，陕甘边区工农兵代表大会在荔园堡大庙（老爷庙）里召开，一百多名各界代表热烈讨论根据地建设的各项重大问题。习仲勋是主持人之

陕甘边区革命委员会及陕甘边区苏维埃政府印章

荔园堡老爷庙大殿

清音楼

一，为大会起草了许多重要文件。会议以民主选举的方式，通过无记名投票，选举产生了陕甘边区苏维埃政府，习仲勋当选苏维埃政府主席，贾生秀、牛永清当选副主席，蔡子伟当选政治秘书长。会议决定了土地、劳动、财政、粮食、文化、工农监察、肃反、妇女等委员会人选，并附设放足、禁烟、禁赌等委员会，通过了政治、军事、土地、财政、粮食等各项决议案。

初冬的陕甘高原红日高照。11 月 7 日上午，陕甘边区苏维埃政府成立大会在荔园堡隆重举行。大会主席台设在和大庙正对的清音楼（戏台）上。正式代表、红军、游击队以及方圆几十里地的群众共 3000 多人参加了大会。“陕甘边区苏维埃政府成立大会”的红色会标鲜艳夺目，镰刀与斧头的旗帜迎风飘展，锣鼓声、欢呼声、口号声震天动地。

习仲勋发表了热情洋溢的讲话，号召要进一步发展壮大武装力量，广泛发动群众，把斗争推向新高潮，争取更大胜利。他和刘志丹等人共同检阅了部队。

陕甘边区苏维埃政府的宣告成立是巩固的革命根据地的重要标志，也是陕甘边区乃至西北革命史上一个重要的里程碑！

同月，苏维埃政府机关刊物——《红色西北》创刊出版。

当时，政府驻地在南梁堡南边不远处的寨

许多上年纪的乡亲们亲切地称习仲勋“娃娃主席”

寨子湾

寨子湾陕甘边区苏维埃政府驻地旧址

子湾，群众习惯称之为“南梁政府”。习仲勋担任主席时年仅21岁，老百姓都亲切地称他是“娃娃主席”。在寨子湾，群众有了困难就赶来找习仲勋，而无论谁来，习仲勋马上就见。刘志丹赞道：“你做得好，有你这样的作风，咱们就会立于不败之地。”

习仲勋在群众工作、政权建设以及经济社会发展等方面做了大量开创性的工作。他还和刘志丹等人领导制定了土地、财经粮食、军事、对民团、对土匪、社会、肃反、知识分子、对俘虏、文化教育等十大政策。

红色政权如雨后春笋，蓬勃生长。在1934年和1935年间，陕甘边区共计创建区级红色政权2个，即南区革命委员会和东区革命委员会；县级红色政权20个，分别是甘肃陇东地区的华池、合水、庆北、赤安、新宁5个县，陕甘交界地区的新正、永红2个县，陕西境内的中宜、富西、安塞、赤安、赤淳、富甘、红泉、肤甘、定边、赤川、靖边、淳耀、赤水13个县。

边区政府在照金分配土地的实践基础上积极稳妥开展土地革命，主要是：没收地主、富农出租部分的土地，地主、富农参加劳动的可以分地；分川地不分山地；中心地区分地，边境地区不分，当边境地区变成中心地区后再分地；红军家属有分地的优先权等。

边区政府在荔园堡开设集市，逢一为集，数十里的群众纷纷前来赶集，市场活跃，买卖公平。对白区的商人采取保护政策，把山货、羊畜卖出去，将布匹、棉花等物资运进来，解决军民所需，“干部用上了手电筒，战士用上了洋瓷碗”。

为活跃流通，边区政府还发行了根据地自己的货币——苏币，老百姓称之为苏票。苏币采用木刻版，涂以桐油，印在白平布上，共计发行3000元，币值有一元、五角、二角、一角4种，与银元等值。边区政府在荔园堡专门设立兑换处，随到随换。

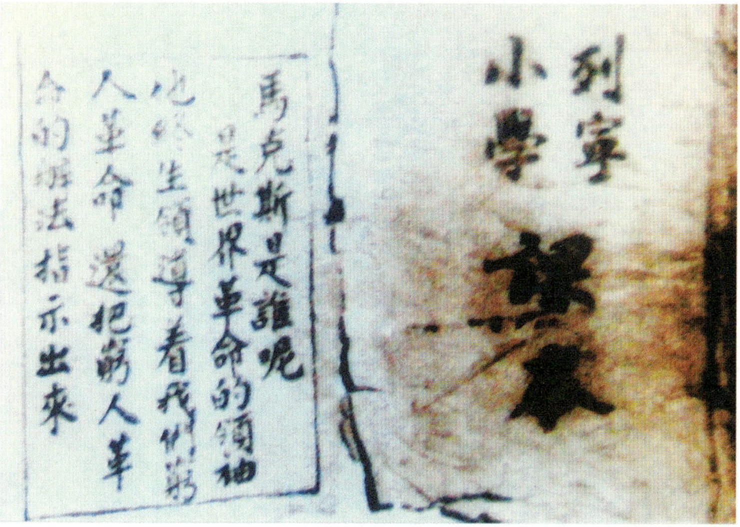

列宁小学课本

文化教育事业耀眼夺目。南梁地区以前没有一所学校。1934年2月，边区政府在小河沟四合台办起了第一所列宁小学。师生们架起木板当课桌，垒起石块当凳子，用石板做黑板，用锅灰制墨水。教科书采用顺口溜形式，如“马克思、恩格斯，世界革命两导师”，“拿刀杀豪绅，拿枪打白军”等，简单明了，通俗易懂。

边区政府成立之初就颁布了一项法令：凡一切党政军干部，如有贪污十元钱以上者枪毙。习仲勋回忆说，南梁时期，“由于有了这条法令，在干部中确实没有发生过任何贪污事件”。

八、遭遇错误肃反

1935 年 2 月 5 日，中共西北工委在赤源县周家崄（今属子长县）成立，习仲勋担任工委委员。西北工委的成立，标志着党对陕甘边和陕北两块根据地的统一领导，标志着西北根据地的形成。

2 月中旬，国民党当局对西北根据地发动了第二次大规模的“围剿”。在刘志丹带领主力红军转移到陕北作战时，习仲勋领导南梁地区第二路游击队和赤卫军在老爷岭不断变换方位，竖起红旗，点燃篝火，布起疑兵迷惑牵制进攻苏区的马鸿宾部达一个多月。

4 月 13 日，习仲勋带领后方工作人员和保卫队、赤卫军、庆阳游击队 100 多人撤离寨子湾，向东边的洛河川（今陕西省甘泉县境内）转移。途中，先后两次被敌包围。脱险后，习仲勋发现双脚不知何时被马镫磨出了血洞，催马疾驰的鞭痕也在白马身上留下一道道血印。后来，刘志丹拍着白马风趣地说：“好一匹飞身救主的白龙马！”

5 月，陕甘边党政军机关移驻洛河川下寺湾一带，边区政府驻义子沟。边区政府在胡皮头开设集市、发行苏币，在桥镇、阎家沟、王家坪等地开办列宁小学，在王家坪建立军事学校，培养军政干部。习仲勋还派出王忠秀、王大有、王殿斌分别到洛川、保安和三边（靖边、定边和安边）组建游击队。

7 月的陕甘高原艳阳高照，生机盎然。但随着中央驻北方代表孔原派驻西北的代表朱理治、上海临时中央局代表聂洪钧等的到来，“左”倾机会主义的阴云又开始在陕甘边扩散开来。

朱理治偏听偏信西北工委委员、组织部长郭洪涛等人的汇报，对形势作出了错误的判断，并指派李景林和惠碧海到陕甘边帮助工作。李景林担任特委书记后，只要听说谁是富农就斗争谁。惠碧海带领土改工作团采取极左的手法开展“查田”，

下寺湾义子沟陕甘边区苏维埃政府驻地遗址

习仲勋在义子沟住过的窑洞

把富农的东西分完了，就赶他们“上山吃草”。群众在狂热中见到什么就分什么。一次，苏维埃政府财政委员长杨玉亭从洛河边经过，群众竟从对岸浮水过来要没收他随身携带的公款。对此，习仲勋予以坚决抵制和纠正，在特委会议上坚持撤销了惠碧海的职务。

刚刚进入 9 月，就有好消息传来，徐海东、程子华等率领的红 25 军艰苦转战进入了陕甘边。习仲勋、刘景范等派人赶着牛羊犒劳远道而来的红 25 军将士。

9 月中旬，习仲勋在永宁山主持大会欢迎红 25 军到达陕北，并发表了热情洋溢的讲话。

此时，陕甘边的形势不容乐观。蒋介石在围追堵截长征红军的同时，又调集十万兵力加紧对陕甘苏区进行军事“围剿”。

红 25 军与红 26 军、红 27 军会师后，成立了红 15 军团，徐海东任军团长，程子华任政委，刘志丹任副军团长兼参谋长。

9 月 17 日，中共西北工委即被撤销，成立中共陕甘晋省委，朱理治任书记，郭洪涛任副书记。西北军事委员会也被改组，聂洪钧任主席。陕甘晋省委甫一成立，就认定所谓“右派”组织及分子主要存在于陕甘边党组织和红 26 军之中，21 日便开始在永坪镇捕人。

习仲勋回忆：“开来了 30 多人的名单，我、景范（刘景范）都参加会的。那里面有副主席、通讯员、秘书长，都是右派。我说不对头，先把几个来路不明的人逮捕起来。所以第一次才捕了 9 个人，其余的人都是我硬担硬保的，如果他们发生了问题，就要立刻逮捕我。越到后来就越到处捕人。那时候拿我的名义写信要把那些人调回来，不然调不回来。所以很多人是经过我调回来的，在这个时候我就发生了很大的恐慌。

“于是出现了这样的一种怪现象：红军在前方打仗，抵抗蒋介石的进攻，不断地取得胜利，‘左’倾机会主义路线的执行者却在后方先夺权，后抓人，把刘志丹同志等一大批干部扣押起来，红 26 军营以上的主要干部，陕甘边县以上的主要干部，几乎无一幸免。白匪军乘机大举进攻，边区日益缩小，引起了群众的极大疑虑；地主、富农乘机挑拨煽动，以致保安、安塞、定边、靖边等几个县都‘反水’了。根据地陷入严重的危机。”

有人暗示习仲勋可以逃走，免遭无谓牺牲，他坦然答道：把我杀了，我也不能走，这些同志都是以我的名义叫回来的，我怎么能走呢？

很快，被认定“右派前线委员会书记”的习仲勋也遭到逮捕。聂洪钧在给习仲勋的信中说：“仲勋同志，你对于此次肃反，态度暧昧，非无产阶级意识，有跟你谈话的必要。”“罪状”有三条：第一骂群众是土匪；第二不搞土地革命，只分川地，不分山地；第三给富农通风报信。

在瓦窑堡，习仲勋和刘志丹等人被关在汇川通当铺的窑洞里，天寒地冻，地上仅放些谷草，睡觉都绑着手和脚，身上长

瓦窑堡汇川通商号习仲勋被关押地

满虱子，吃不饱，喝不上水，也不允许上厕所。“肃反”执行者肆意酷刑折磨，逼迫他们承认是右派、反革命。

刘志丹的女儿刘力贞当时年仅 6 岁，和母亲同桂荣一起去找父亲：“人家对我母亲说，可不得了，连埋人的坑都挖好了。我母亲带我去看，那一人多深的坑啊！我母亲一看就哭了。”

错误的肃反，使陕北（包括陕甘边和陕北）这个硕果仅存的苏区陷入非常严重的危机。

九、西北苏区成为红军长征落脚点

错误肃反风声鹤唳，中央红军的长征却是“柳暗花明”，遇到了重大转机。

历尽千辛万苦走到哈达铺的中央红军从报纸上得到消息，陕北有刘志丹的红军，喜出望外。1935 年 9 月 20 日，毛泽东在哈达铺一座关帝庙召开的团以上干部大会上指出：“民族危机在一天天加深，我们必须继续行动，完成北上抗日的原定计划。首先要到陕北去，那里有刘志丹的红军。从现地到刘志丹创建的陕北革命根据地不过七八百里路程，大家要振奋精神，继续北上。”

长征到达陕北的毛泽东

10 月，中央红军经过两万五千里长征之后胜利到达

毛泽东、张闻天纠正错误肃反

吴起镇。毛泽东、张闻天等得知情况当即下令：停止逮捕，停止审查，停止杀人，一切等候中央来解决！

11 月 7 日，中央机关进驻瓦窑堡，组成由秦邦宪指导，董必武、王首道、张云逸、李维汉、郭洪涛参加的 5 人党务委员会，着力解决陕北错误肃反问题。经审查，推倒了强加给刘志丹等人的莫须有罪名。习仲勋同刘志丹、杨森等 18 人被首批释放，其他同志也陆续被释放。

“陕北根据地有救了！”军民欢欣鼓舞，奔走相告。中央红军的同志说，要是叫“左”倾机会主义把这块根据地毁掉，中央连歇脚的地方也没有了。至此，由陕甘边和陕北两块根据地

瓦窑堡中共中央党校旧址

组成的西北苏区历史地成为中央红军长征的落脚点和抗日战争的出发点！

每当回忆起这段非常岁月，习仲勋总是压抑不住激动的心情：“毛主席不到陕北，根据地就完了；毛主席晚到4天，就没有刘志丹和我们了；要不是毛主席说‘刀下留人’，我早已不在人世。他们已给刘志丹和我们挖好了活埋坑。”

习仲勋进入瓦窑堡中央党校学习，担任训练班第三班班主任。12月27日，习仲勋参加了中共中央在中央党校召开的党的活动分子会议，第一次见到了景仰已久的毛泽东，聆听了《论反对日本帝国主义的策略》的报告。他对这次见面铭刻在心：“我凝神谛听毛主席的报告，觉得他讲的完全合乎实际，路线完全正确。我感到迷雾顿散，信心倍增。这是我第一次听到毛主席的讲话，心里高兴极了。”

在这里他还第一次见到了仰慕中的周恩来，“远远望见一个人，穿着一身红军的黑布棉军服，胸前飘着长长的胡子，两道浓黑的剑眉下面是炯炯两眼，那智慧的光

初到陕北的周恩来

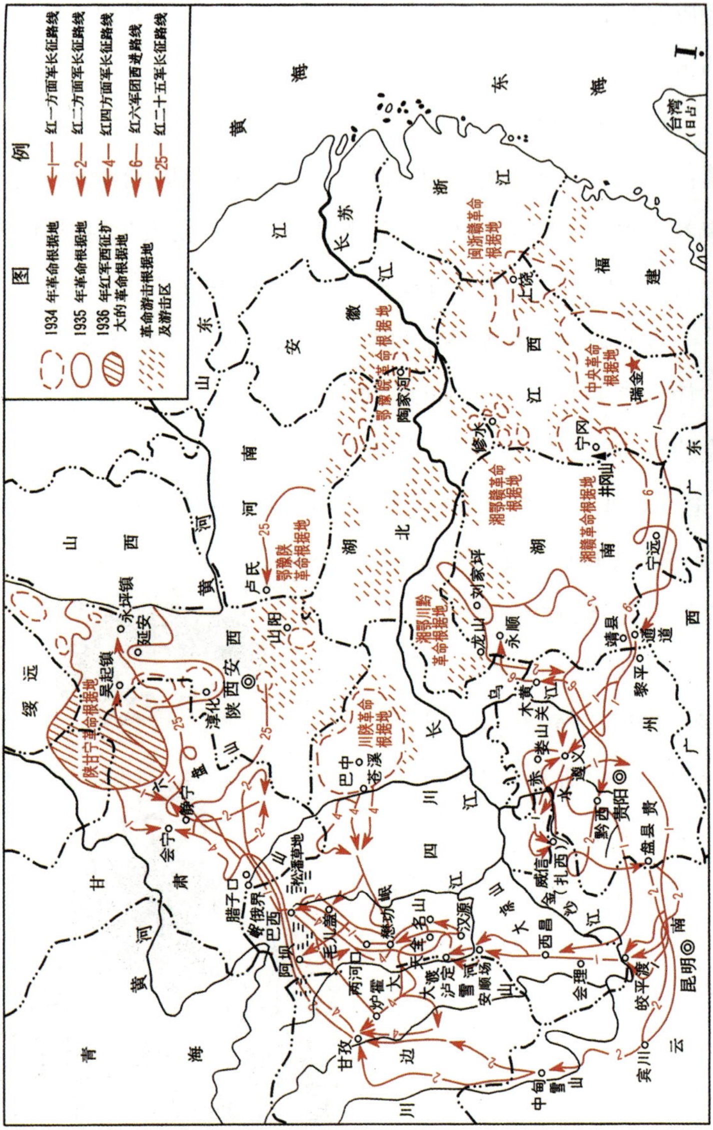

中国工农红军长征路线示意图（1934年10月至1936年10月）

芒好像可以洞察一切，令人肃然起敬”。

习仲勋晚年曾对陕甘边区革命根据地的历史经验进行了深刻的思考，他在《历史的回顾》一文中指出：

“十年的土地革命战争，陕甘边区的党组织、红军战士和人民群众，经历了长期而残酷的反革命‘围剿’和来自党内‘左’、右倾路线的干扰，历遭险阻，几经起伏，终于使红日驱散乌云，胜利的曙光映红陕甘高原的山山水水，把苏维埃的种子传播到革命形势比较落后的中国西部，成为王明‘左’倾机会主义路线失败后硕果仅存的一块根据地，为中国共产党领导的中国人民大众的解放事业作出巨大贡献。”

对习仲勋创建陕甘边根据地的革命历程，老战友王世泰知之甚深，他说：“（19）35 年，党中央、中央红军，在长征路上极端困难的情况之下，来到了陕北。毛主席讲，陕甘宁边区的作用重要性，作为中央和中央红军的立足点，抗日战争的出发点，假如没有陕甘宁边区这一块根据地的话，那中央苦了，困难大了，在西北站不住脚。所以这个功绩当然是大家的。但是作为仲勋同志，建立照金根据地，建立南梁根据地，艰难困苦，我的看法是习仲勋有功劳！”

十、为延安把守南大门

1936 年 1 月，中央决定习仲勋到新设立的关中特区（在原陕甘边南区的基础上）任苏维埃政府副主席兼党团书记。2 月下旬，习仲勋到达关中特区党政机关驻地新正县南邑村（今甘肃省正宁县境内）。4 月，关中遭东北军 11 个师的大规模进攻，特委撤销，干部分散撤退。和照金撤离后一样，习仲勋担

南邑村习仲勋住过的院落

任新成立的关中工委书记，留下来坚持斗争。

5月，习仲勋奉调撤离关中，随以彭德怀为司令员的红军西方野战军西征。6月1日，曲子镇解放，习仲勋组建中共曲环工委并担任书记。他动员群众把石碾子和石磨盘集中在八珠塬，日夜不停碾米磨面，保证部队供给。

4日，环县解放。习仲勋赶到环县北边的洪德城，组建中共环县县委并担任书记。县委机关设在洪德城杏儿铺，因在战时，驻地随时变动。

习仲勋在环县工作仅三个多月，但迅速打开了局面，完成了组织创建工作，同时领导成立了环县苏维埃政府。县委下辖组织、宣传、军事、工会、青年、妇女等部，并设立了警卫

曲环工委驻地遗址

队。他亲自发展了环县第一批党员，组建了环县、洪德、胡家洞子3个区游击队，游击队员40多人，长短枪支30余支。

8月中旬，中共陕甘宁省委书记李富春在驻地河连湾同习仲勋谈话，宣布中央决定他回保安（当时中共中央驻地）接受新的任务。

此次工作变动，一个重要的原因是习仲勋离开关中后仅几个月的时间，关中根据地丧失殆尽，中央急需派一位熟悉情况的同志前去领导关中地区的斗争；另一方面，中央领导们开始意识到对遭遇错误肃反的同志存在使用不公的问题。时任中央组织部部长李维汉（即罗迈）后来在延安说："那阵儿我不了解情况，听他们的意见多了。特别是对仲勋同志不公道，派到

八珠塬

中共中央在陕西保安驻地旧址

那儿去做县委书记。”他在晚年还回忆道：“由于‘左’倾路线没有清算，陕甘边苏区的地方干部和军队干部仍然戴着机会主义的帽子，所以对他们工作的分配，特别是对一些高级干部的工作分配，一般是不公正的。”

9月15日，习仲勋在保安参加了中央政治局扩大会议，是列席会议的三个地方干部之一。这是习仲勋第一次参加中央的会议。毛泽东看见他走进会场，高兴地拉住他的手，连声称赞：“这么年轻，还是个娃娃嘛！”

党中央决定让习仲勋再下关中主持工作，担任关中特委书记。习仲勋曾说自己一生中为党中央先后两次把守南大门，第一次指的就是再下关中。主持中央工作的张闻天约见习仲勋，嘱咐他“去先试一试，凡是民团团长都可以搞统一战线，包括保甲长、联保主任”。

时隔四个月之后再下关中，习仲勋肩上的担子非常沉重。关中地处陕甘宁特区最南端，东、西、南三面是国统区，距西安不足二百公里，战略地位十分重要，是楔入国民党顽固派眼里的一个“囊形地带”。关中特区下辖的淳耀、赤水、永红、新正、新宁5个县已全部被国民党部队占领，所有中心区域都建立了据点，仅剩下新宁县平道川一个乡没有受到骚扰。关中游击队只能分散秘密活动。

一路上，要经过好几道封锁线，爬山、下沟、钻林子，每天都会遇到敌人。中秋节也是在紧张的行军中匆匆度过。

关中时期的习仲勋

10月初，习仲勋到达旬邑县境内的石门山，随即和留守关中的张凤岐等人在石门关交换了情况。中旬，习仲勋在七界石主持召开了30多人参加的关中党的活动分子会议，决定以县为单位整理并扩大游击队，集中打仗，分散活动，成立关中游击队指挥部，指挥郭炳坤、政委习仲勋；尽可能地进行统战工作，争取进步、中间的民团、保甲，打击最反动的少数分子；整理各地党的工作，健全党的组织生活；恢复各县苏维埃政权，开辟新苏区。交通员张贵德记得："当时我第一次见到他（指习仲勋），他说当前形势非常严峻，军事上讲敌人占优势，政治上讲我们占优势。"

习仲勋很快就打开了关中的工作局面。关中游击队接连取得了新正县马塬、淳耀县让牛村、赤水县郭家掌等战斗胜利，并肃清了关中地区的大股土匪。游击队也发展到了14支，队员近500人。地方政权有了相当程度的恢复，在泾河三区、淳耀小桥、同宜耀香山等地都开辟了新的苏区。

石门山

李维汉：关中是我看到的最好根据地

12 月中旬，因为没有接到党中央关于西安事变后的指示，特委决定各地的红军、游击队向外出击，争取民团、保甲自动缴枪。10 天之内，整个关中苏区的版图皆已恢复，建立了淳耀、赤水、新正、新宁 4 个县苏维埃政府，全部恢复了党的工作。到彭德怀在泾阳县安吴堡向习仲勋等负责同志传达党对西安事变的政策后，关中才停止了扩大苏区和消灭国民党部队的行动。

1936 年 12 月至 1937 年 4 月间担任中共陕甘省委书记的李维汉在《关中工作的一些总结》一文中高度评价道：“在我经过的陕甘苏区，关中是最好的一块苏区。”

习仲勋回忆：关中苏区包括新设的新宁、新正、赤水和淳耀等县，像楔子一般深入国民党统治区，直逼它的战略重镇西安。关中根据地全部恢复了，游击队也壮大了。虽然国民党的政权还在，但我们的政权也秘密地建立起来了，公开的名义叫作“抗日救国会”。

值得一提的是，关中根据地恢复之后，立即成为三支主力红军会师后的重要落脚点，而关中特委驻地桃渠塬恰好处于往来延安（中共中央驻地）与泾阳县云阳镇（红军前敌总指挥部驻地）的连接线上。这个美丽的小山村一时间风云际会，时任红一军团政治部主任的邓小平，以及聂荣臻、杨尚昆、徐海东、罗瑞卿、陈光、王首道等红军将领曾在这里驻足长达数

石门关

关中特委驻地桃渠塬（1936 年 12 月至 1937 年 4 月）

月，而他们的“东道主”就是关中特委书记习仲勋。

1937年八九月间，在八路军主力出征抗日前夕，习仲勋从关中特区紧急选调五百多名政治军事素质过硬的陕甘红军干部战士，编成一个补充团开往一二零师驻地富平县庄里镇。这是八路军成立后补充的第一批兵员，给时任八路军总司令朱德、总政治部副主任邓小平和一二零师师长贺龙等人留下了深刻印象。四十三年后，邓小平与习仲勋，一位是中共中央副主席，一位是中共广东省委第一书记，关于如何迈出中国改革开放的第一步，在他们之间发生了一段不同寻常的对话，而其历史的渊源就在于他们都不曾忘记陕甘宁特区，也都没有忘记关中特区这段风起云涌的岁月。

十一、“党的利益在第一位”

从1936年两下关中到1942年8月奉调出任西北党校校长，6年间，在习仲勋的领导下，关中的各项工作取得了令人瞩目的成绩。

以第二次国共合作形成前后来划分，关中党组织相应地分为两个时期，1936年9月至1937年10月为关中特委时期，之后为关中分区党委时期。1936年12月进驻桃渠塬之初，习仲勋就明确提出了“乡乡有支部，村村有党员”的要求。后在1937年10月于马家堡、1939年9月于上墙村召开了两次党代会，各级组织和党员人数蓬勃发展。据统计，到1941年5月中共西北中央局成立时，关中已发展到县委5个、区委20个、党支部68个。

利用党校等形式对党员干部进行政策理论和文化教育培训是关中党的一大特色。有资料显示，到1941年，关中乡、县以上干部基本达到或相当于初中文化程度，大多数原来是文盲的干部能够看报写信。

习仲勋模范执行抗日民族统一战线政策，积极推进与国民党方面的划界谈判。关中特区还在淳化、旬邑设立了两个红军募补处，与宁县的刘铁山、宜君的沙秉炎民团签订了互不侵犯条约，而土桥民团有团丁趁攻打苏区的机会直接携枪投奔过来。

关中进行了两次大规模的普选运动：第一次在1937年7月至8月，民主选举代表和各级政府组成人员；第二次在1941年春，落实“三三制”政权设置要求。选举采取“认人”投豆（候选人背朝选民，选谁就朝谁后面的碗里投一颗豆子），或念名字“烧香”点洞，还设有流动票箱，参选率分别达70%和80%。开明士绅纷纷在政府里任职，其中，赤水县绅士景田玉担任了县政府财政科长，新正县的老中医张治平、旬邑县著名隐士萧芝葆当选为关中分区参议员，张治平还当选为陕甘宁边区参议员。

在习仲勋领导下，关中大生产工作走在了全边区前列。以新正县为例，不仅办起了西牛庄农场，年产粮800余石，政府还出资5万元成立了消费生产合作社，下设纺织厂、运输队、商业部等单位，吸收群众股金16万元。机关驻地随着斗争形式的不断变化历经几次迁移，先后驻桃渠塬、马家堡、长舌头、刘家庄、阳坡头、雷庄村、马栏等地。为改善办公条件，习仲勋带领军民自己动手，在马栏河西北面的高坡上开挖了300多孔窑洞，建起了医院、被服厂、修械厂、仓库等。

关中的文化教育工作也走在全边区前列。1939年深秋，

马家堡关中特委驻地旧址（1937年4月至1940年5月）

阳坡头关中分区党政机关驻地旧址（1940年6月至1941年7月）

习仲勋（右三）和战友们在关中苏区的合影

关中分区第二次党代会代表合影

1937 年 8 月 3 日，《新中华报》第三版报道关中特区淳耀县的选举运动

关中剧团在马家堡成立。1940 年 4 月 12 日，《关中报》在雷庄村出版发行。

初小由 170 所增加到 243 所，在校学生 7000 余名；完小从无到有发展到 9 所，在校学生 400 多名；中等教育也从无到有。1940 年 3 月 15 日，陕甘宁边区第二师范学校在马家堡诞生，习仲勋兼任校长。他提出学校与群众变工互助，学生给群众锄一天地，群众给学校犁一天地，既解决学校困难，又密切了群众关系。1941 年春节前后，得知 90 多名师生突患伤寒，习仲勋亲自安排请来老中医张治平诊治，并将保存的两支针剂送到学校。

陕北公学（1938 年 7 月至 1939 年 7 月）和鲁迅师范（1938 年 4 月至 1939 年 7 月）也分别迁驻关中。陕北公学校友何载回忆："当时陕公遇到困难就去找习仲勋，没有粮食也找他，他都会给予解决。所以陕北公学当时在关中的条件比延安好。"

国民党顽固派对关中图谋已久，从 1938 年冬即开始不断制造事端，在 1939 年 5 月制造了枪杀八路军荣校伤残人员的"旬邑事件"，到 1940 年 3 月又制造了"淳化事件"，围攻我关中驻守部队。这一时期，习仲勋领导关中军民按照"敌人局部进攻，我则局部游击，敌全面进攻，我则全面游击"的政策，同国民党顽固派进行了针锋相对的反摩擦斗争，仅在 1940 年春夏间，先后进行反摩擦战斗 90 多次，缴获长短枪 410 支、子弹 8000 余发，俘敌 248 人。关中根据地得到巩固和扩大，

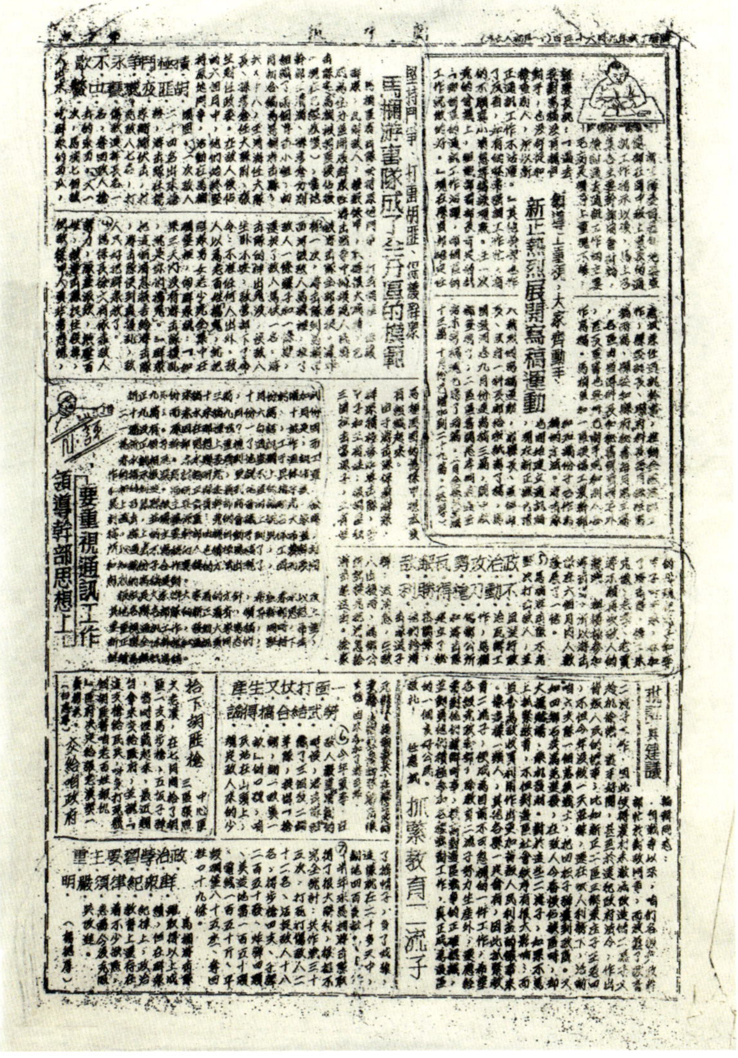
新正熱烈展開寫稿運動
馬欄游擊隊威震三分區的模範
要重視通訊工作
抓緊教育二流子

《关中报》报样

习仲勋在马栏开挖的窑洞

在 9 月还新成立了同宜耀县。据不完全统计，仅该年一年时间，习仲勋写给陕甘宁边区政府关于反摩擦斗争的报告就多达 27 份，10 万余字。

1941 年夏，习仲勋和文年生指挥部队在彬县的凤凰山一带与国民党军激战 3 天，将之驱赶回凤凰山以南，接着又收复了赤水县土桥镇和新正县部分地区，反摩擦斗争至此基本平息。

关中 6 年间，习仲勋始终走在群众中。当群众有疑难时，就说:“找仲勋去”。1942 年的一份组织鉴定称赞他是“党的宝贵的群众领袖”。在阳坡头时，习仲勋和分区保安司令张仲良等人开会。谈到部队砍伐群众的树木给的钱少了，老百姓敢怒不敢言时，习仲勋很是生气，责问道：“咱们是人民的军队吗？怎么能这么搞呢？老百姓的树长大不容易。你是司令，我是政委，怎能这样干呢？没钱就这样砍树？”当天深夜，张仲良就来找习仲勋承认错误。

1942 年 10 月 19 日至翌年 1 月 14 日，中共西北中央局在延安边区参议会大礼堂召开了为期 88 天的高级干部会议，又称陕甘宁边区高级干部会议。毛泽东认为这次会议“是整风学习的考试”，任弼时受中央委托全程“蹲会”，朱德、刘少奇等分阶段出席并讲话，这在党的历史上是绝无仅有的一次。

会议集中进行整风学习，重点对西北根据地（包括陕甘边

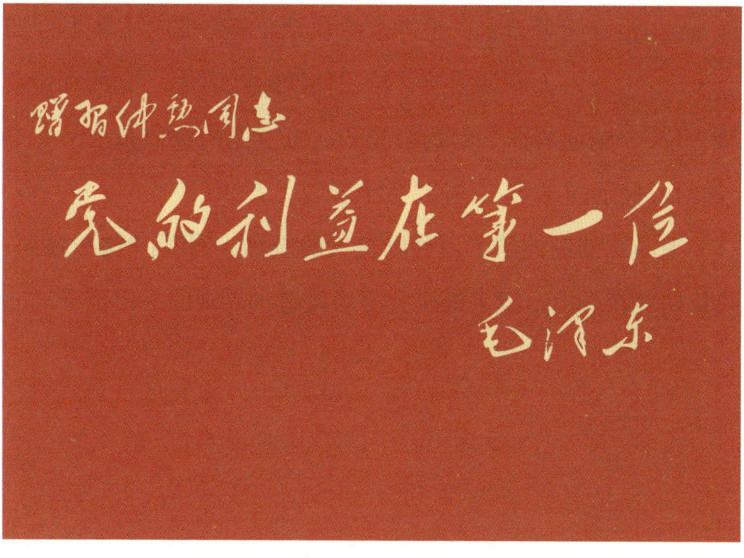

毛泽东给习仲勋的题词

和陕北）的历史问题进行讨论和总结。11 月 11 日，习仲勋作大会发言时回顾了陕甘边历史、陕甘边党内各种政策上的争论和斗争、陕甘边和陕北错误肃反及其恶果，并作了批评与自我批评。1943 年 1 月 8 日，习仲勋以《关中党史简述》为题作了系统发言，深刻总结了关中党的历史经验。会议进行中，中共中央于 1942 年 12 月 12 日作出了《关于一九三五年陕北（包括陕甘边及陕北）“肃反”问题重新审查的决定》。

毛泽东给习仲勋题词：党的利益在第一位

习仲勋的发言得到了毛泽东的赞赏。这一时期，毛泽东对习仲勋已经有了更多的了解和认识。

1943 年 1 月 14 日，在西北局高干会议闭幕会上，毛泽东给领导经济建设成绩卓著的 22 人题词褒奖，给习仲勋的题词是：“党的利益在第一位”。题词写在一幅约一尺长、五寸宽的漂白布上，上书“赠给习仲勋同志”，下署“毛泽东”。

毛泽东的题词给了习仲勋莫大的鼓舞，他说：“这个题词，我长期带在身上，成了鼓励我努力改造世界观的一面镜子。”

十二、为延安把守北大门

1943年2月中旬，习仲勋调任绥德地委书记兼绥德警备司令部政委。行前，毛泽东在杨家岭的窑洞里鼓励他说：“一个人在一个地方待久了，就没有那么敏感了，到新的地方去也是锻炼嘛！”

绥德是陕甘宁边区的北大门，人口52万，占全边区的三分之一。由于国民党长期反动宣传，许多群众对共产党认识模糊，政治觉悟普遍较低。

习仲勋提出深入调查研究，扩大党的宣传，用党的宗旨、方针、政策宣传教育干部群众，做到整风、生产两不误。他将“党的利益在第一位”的题词端端正正地挂在办公室的墙壁上，时刻鞭策自己。

此时，整风审干工作在康生的主持下严重走偏，所谓“抢救失足者”运动波及到陕甘宁边区的每一个角落。受此影响，整风审干工作在绥德师范等单位迅速演变成一场肃反运动。一时间“假坦白”成风，就连十一二岁的学生也“坦白”自己是“小特务”，师生绝大多数都被审查、被怀疑，没有问题者所剩无

绥德师范（前身为陕西省立第四师范）旧址

儿。抗大总校排以上干部 1052 人，其中嫌疑分子、须坦白分子 602 人，占 57.2%。绥德警备司令部及其各团“有问题”分子也多达 425 人。

习仲勋敏锐地认识到问题的严重性。他利用讲话、座谈等形式反复提醒大家一定要说真话，对党要忠实坦白，强调谁要是乱说，比特务的罪还重。他向西北局和党中央如实反映情况，表达了自己的担忧，建议应制止“逼供信”，纠正“左”的偏向。他冒着风险反复提醒大家说：“我们常讲党性，我看实事求是就是最大的党性。”

当中央决定甄别和纠偏时，习仲勋亲自找师生代表姚学融、白树吉等人到地委谈话，并组织了有学生家长及干部群众参加的 3000 人大会，宣传共产党“不冤枉一个好人，也不放过一个坏人”的防奸政策。他还指示把家长请进校园和孩子住几天，以亲眼看到正常的学习和生活，从而相信党的政策是正确的。

甄别纠偏保护了大批外来的知识分子干部，复查平反了所有受冤屈的同志。习仲勋主动向受冤屈的同志道歉，代表地委承担责任，妥善解决了运动遗留的各种问题。

如何发展生产，搞好经济工作是习仲勋上任后放在最中心的任务。4 月中旬，习仲勋带队到绥德以西 20 里处的郝家桥村进行为期一个月的蹲点调查，发现并树立了劳动英雄刘玉厚这一典型。刘玉厚带动全村群众精耕细作、变工互助，使粮食产量和生活水平明显提高。绥德地委授予刘玉厚模范党员、劳动英雄的称号，在全区开展了“村村学习郝家桥、人人学习刘玉厚”的活动，并将习仲勋和专员袁任远等领导署名的“农村楷模”牌匾奖给了郝家桥村。1943 年 5 月 18 日的《解放日报》对刘玉厚的先进事迹作了专题报道。

绥德分区很快掀起大生产运动的高潮，当年粮食生产取得较好收成，涌现出了一大批劳动模范。习仲勋也亲自动手，认真制定了自己的生产节约计划：和勤务员合作种棉花、白菜；每天捻毛线 1 小时；办公用品节约三分之二；一年内衣服被褥不要公家补充；冬天睡冷床，只烧炉子不烧炕，提早停火半个月；锻炼身体，争取不用公家医药费。

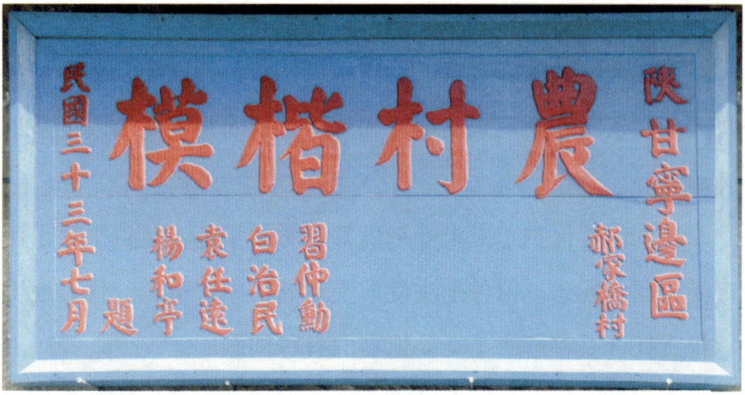

农村楷模牌匾

杨和亭：中央规定种三年余一年就够了，他领导下做到了耕一余一

副专员杨和亭由衷地佩服习仲勋："本来中央规定种三年余一年就够了，他领导下做到了耕一余一。他能力强。"

针对文化教育严重落后的实际，习仲勋在绥德领导进行了一场教育革新。他提出文化教育事业要为全区 6 县 52 万人民群众服务，与劳动结合、与社会结合、与政府结合、与家庭结合的努力方向。毛泽东赞赏道：教育上的问题不少，怎样解决，绥德现在提出了几个结合，是不错的，这是个方向问题。

到 1944 年秋，绥德分区建起完全小学 260 所，学生 11400 多人，开办民校 22 个。同时，夜校、训练班等全面铺开，读书会、黑板报、漫画、秧歌队、讲演会、说书、快板等各种教育形式和教育活动如火如荼，其中尤以大办冬学最为突

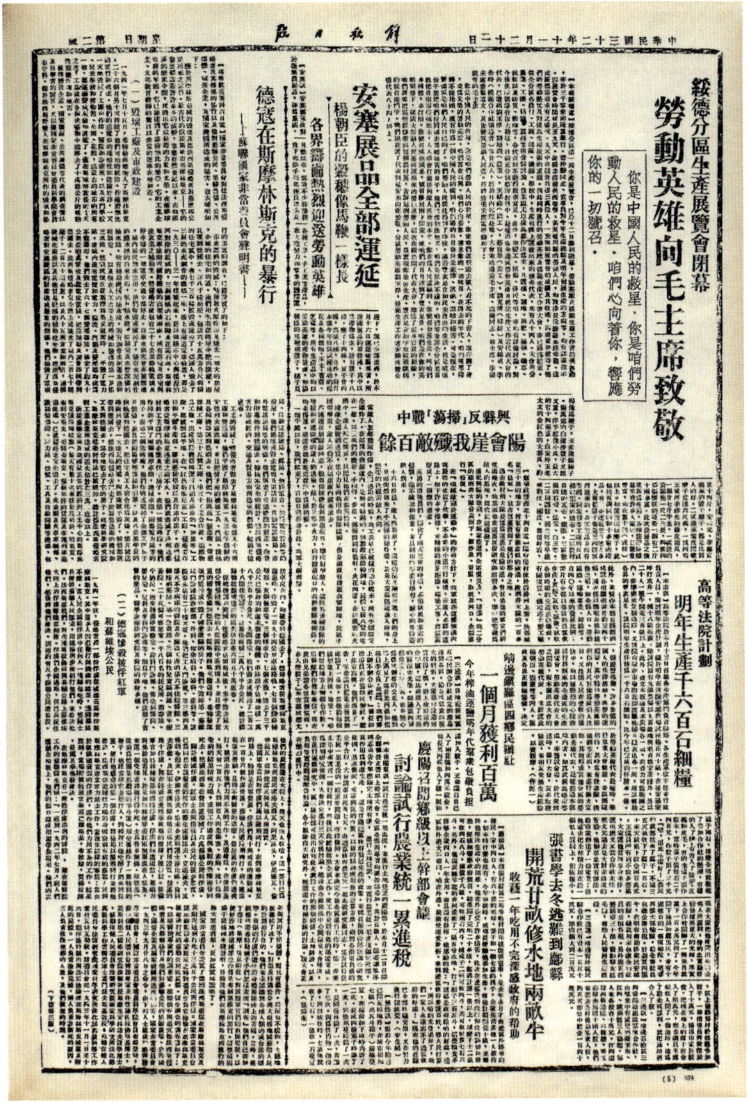

1943 年 11 月 21 日，《解放日报》报道绥德分区生产展览会相关情况

习仲勋在郝家桥村住过的窑洞

出。1944 年 3 月 11 日《解放日报》曾以《绥德国民教育大革新》为题作了全面报道和经验推广。

大办冬学的高潮在 1943 年冬就已经掀起。当年全区办冬学 905 所，参学人数达 70715 人。1944 年冬，习仲勋还到子洲县周家圪崂进行专题调研，撰写了《开展冬学运动应掌握的方针》一文，刊载在 11 月 23 日的《解放日报》上。

另外，在民众剧社的基础上组建了绥德分区文工团。习仲勋特别指示给文工团加强伙食营养，并特殊供应鞋袜，保证下乡演出顺利进行。

1944 年秋，习仲勋在绥德分区司法工作会议上的讲话中，要求各级党员干部必须站好立场、牢记宗旨，为此还提出了

1984 年 2 月 11 日，习仲勋在北京家中和刘玉厚亲切交谈

“把屁股端端地坐在老百姓这一面”的明确要求。

绥德还是“三三制”抗日民主政权建设的模范试验区。作为地委书记，习仲勋注意和党外人士交朋友，虚心听取他们的意见和建议，主动邀请他们建言献策。他和陕甘宁边区参议会副参议长安文钦（绥德县），边区政府副主席李鼎铭（米脂县），边区参议员刘杰三（绥德县）、刘绍庭（绥德县）、姬伯雄（米脂县）等人都是无话不谈的好朋友。

1943 年 6 月，习仲勋在绥德主持仪式，隆重欢迎赴重庆开会途经绥德的国民党军第十二战区副司令长官兼晋绥边区总司令邓宝珊将军，同他进行了友好而深入的谈话，并由此结下长达数十年的友谊。

由于绥德地处交通要冲，当时从各抗日根据地去延安的许多党内同志也常途经绥德，无论职务高低，都能得到热情的关心和帮助。任弼时曾赞誉说："凡路过绥德的同志都说，习仲勋同志是一位好的地委书记。"

十三、革命的“两地书”

1944 年 4 月 28 日，习仲勋和齐心在绥德地委驻地九贞观举行了朴素而庄重的婚礼。

齐心于 1923 年 11 月 11 日出生于河北高阳县一个书香门第。父亲齐厚之早年毕业于北京大学，曾在河北阜平和山西黎城等地做过县长。卢沟桥事变爆发后，齐心在姐姐齐云带领下撤离北平，于 1939 年 3 月在太行山抗日根据地参加革命，同年 8 月 14 日入党，成为候补党员。因为当时组织上规定，要十八岁才能转为正式党员，齐心当时还不到十六岁，所以候补期定为两年。由于她在紧张的反“扫荡”斗争中表现优异，不到一年就转为中共正式党员。作为调干生，齐心从延安大学中学部转到绥师一边学习一边做学生工作，并担任校总支委员。

齐心晚一个多月到绥德，是从墙壁上“欢迎习仲勋同志来绥德地委主持工作”的标语中才知道了习仲勋的名字。她回忆说：“仲勋同志亲自来校作动员报告，这时候我才认得了在台上作报告的仲勋同志。我们第一次相遇时正当夏天，烈日当头，我从教室里走出来，突然看到仲勋同志，从我们的级任老

1947 年初，习仲勋与齐心在延安

师（绥师党总支委员杨滨）住的山坡上走下来，我急忙给他敬了个军礼，他微笑着点头而过。”

两人相识之时，正是“抢救失足者”运动在绥师引起恐慌之际。总共只有五百多人的学校，竟有四百多人成了“抢救”对象。这引起了习仲勋的疑虑和不安。他找齐心等学生代表到地委谈话，邀请学生家长走进学校，及时建议党中央制止“逼供信”、纠正“左”的偏向，向被冤的同志亲自道歉、主动承担责任，反复提醒大家坚持实事求是的党性原则，这些都一一铭刻在齐心关于这个夏天的记忆里。

正是在这个时候，齐心在习仲勋的办公室里第一次看到了挂在墙上的毛泽东的亲笔题词——“党的利益在第一位”，她记得“那题词是用毛笔写在漂白布上的”。在地委宣传部长李华生和绥师党总支书记宋养初的牵线撮合下，两人逐渐加深了彼此间的了解。

习仲勋还让齐心写一份自传给他。齐心回忆：“仲勋让我写了一个自传直接交给他。当时的我，用我姐姐齐云的话说‘我妹妹是一张白纸’。因此，自传也就相当的简单。”齐心在自传里提到自己为了参加革命，曾两次从家里偷偷跑出来，又两次被父亲追回去的往事。习仲勋看了笑着说：

齐心：当年被习仲勋的真诚深深打动

齐心在郝家桥村住过的窑洞

“我年轻的时候也和你一样。”抗大总校副校长兼教育长何长工在一封信里给习仲勋介绍齐心的情况，特别说道“她是到延安长大的”。

习仲勋与齐心的相知相爱，是从一封封书信开始的。在信里，齐心知道了习仲勋是创建陕甘边区革命根据地最年轻的领导者。也是在一封书信中，习仲勋说：“一件大事来到了，我一定解决好。”齐心说她“知道这是让我考虑我们的婚姻问题了”。

婚礼在九贞观的一个窑洞里举行，简朴而又隆重。何长工和抗大总校政委李井泉，绥德警备司令兼独一旅旅长王尚荣、政治部主任杨琪良，分区专员袁任远、副专员杨和亭，地委副书记白治民等同志出席祝贺。来宾和新人同桌吃了一顿简单的饭菜，这样的婚礼在当时已经算得上是很隆重的了。那一天，绥德分区保安处长、有“红色福尔摩斯”之称的布鲁在婚礼上给习仲勋和齐心拍了两张照片留念。

婚后不久，习仲勋对妻子说：“从此以后，我们就休戚相关了，但是，我们不能陷在小圈子里。”1944年夏，结束了绥师学习的齐心到沙滩坪区第一乡（驻地就在郝家桥村）任文书，后又在义合区任区委副书记。之后，除在中央党校六部短期学习外，一直在农村做基层工作。

在那些聚少离多的日子里，每一封书信都无比珍贵。习仲勋在信中和齐心谈得最多的是希望她密切联系群众，努力

2000年夏天，齐心在时任陕西省委常委栗战书（左四）陪同下，回到郝家桥村看望乡亲

做好工作。他在信中嘱咐妻子，农村是一所大学校，有学之不尽、用之不竭的知识，并以自己创建陕甘边根据地时一家一户做群众工作的亲身体会鼓励妻子重视调查研究，他对齐心说如果能做好一个乡的工作，就能做好一个区的工作。

齐心的好友伍仲秋一天偶尔看到了这些往来书信，惊讶而又好奇地说：“这哪里是夫妻通信？完全是革命的两地书呀！”正是这些革命的两地书，使他们的爱情得到升华，绽放出美丽的花朵。用齐心的话来说，他们的婚姻“有着很好的政治基础和感情基础”。正因为如此，这对革命伴侣经受了人生中一次又一次严峻的考验，携手走过半个多世纪无怨无悔的风雨历程。

“战斗一生，快乐一生；天天奋斗，天天快乐”，这是习仲勋的一段名言。习仲勋逝世后，齐心亲笔书写了这段话，将之镌刻在习仲勋墓园的雕像背面。

还有什么比这种方式更能表达这对革命伴侣的浪漫情怀和高尚情操呢？

十四、爷台山反击战

抗战即将胜利之际，中共七大在延安召开。习仲勋在1939年11月陕甘宁边区第二次党代会上当选为七大代表。1945年4月23日至6月11日，习仲勋出席七大并当选为中央候补委员，是所有当选中央委员和候补委员中最年轻的一位。

抗日战争时期的习仲勋

毛泽东在七大提出了“我们应当用全力去争取光明的前途和光明的命运，反对另外一种黑暗的前途和黑暗的命运”的著名论断，提交了《论联合政府》的书面政治报告。在西北局驻地（花石砭）进行的小组讨论会上，习仲勋和代表们一致认为毛泽东不仅提出了新民主主义的纲领和政策，而且为中国革命指明了航向，为此深受鼓舞。

习仲勋紧接着参加了6月26日至8月2日召开的西北党史座谈会，会议在朱德、任弼时、陈云指导下召开。7月11日，习仲勋在发言中系统总结了党在西北地区的斗争历史和经验教训，他严肃指出：历史最贵真实，知道得不完全不要紧，不知道也不要紧，最有害的是曲解和捏造历史。

座谈会还在进行中，习仲勋突然接到紧急命令，毛泽东亲自点将任命他为爷台山反击战临时指挥部政委。

爷台山位于淳耀县东部（今淳化县境内），是陕甘宁边区

爷台山主峰

南面的屏障。爷台即神台，关中人常将神佛尊称“爷”，爷台山即神仙佛爷居住的山。放眼望去，重峦叠嶂，云谲波诡。1945 年 7 月，胡宗南调九个师分四路突然进占了爷台山周围东西一百里、南北二十里的广大地域，在爷台山上不断坚固工事。

知人善任——中央让习仲勋重返关中

党中央决定对进犯之敌予以坚决反击。在延安王家坪，毛泽东、朱德、叶剑英等亲自向张宗逊、习仲勋下达作战命令，并迅速成立了爷台山反击战临时指挥部，张宗逊任司令员，习仲勋任政委，王世泰、王近山、黄新廷任副司令员，谭政任

张宗逊

习仲勋

副政委，甘泗淇任政治部主任，张经武任参谋长。这是一个战将云集的“豪华”阵容。8 位指挥员中，在 1955 年新中国第一次授衔时除习仲勋、王世泰未参加外，分别有 1 位授大将（谭政），2 位授上将（张宗逊、甘泗淇），3 位授中将（王近山、黄新廷、张经武）。

爷台山反击战临时指挥部驻地马栏，下辖新编第 4 旅、教导第 1 旅、教导第 2 旅和 358 旅共 8 个团的兵力。临时指挥部决定趁敌立足未稳，集中优势兵力予以全歼，由新 4 旅担负主攻，第 1 旅 3 团配合；358 旅为第二梯队，集结于凤凰山、照金地区相机突击进攻，主要打击反攻之敌；第 1 旅、第 2 旅于岭湾、上畛子地区监视东西之敌，保障后方安全。

习仲勋在战前政治动员中指出，顽固派经常以“打野外”、“抓逃兵”之名肆意制造摩擦，这次侵占了爷台山周围 41 个村庄，其目的在于夺取我关中分区，挑起新的内战，必须按照“有理、有利、有节”的原则，坚决做到不放跑一个敌人，不越过防线一步。

同时，习仲勋与关中地委负责同志商定了拥军支前方案，以地委名义发出《关于保卫关中制止内战的紧急指示》，提出“部队需要什么就给什么，需要多少就送多少”的支前口号。参战部队整装待发，群众支前“热烈异常”，仅赤水县支前队员就达 1400 多人，担架 400 多副，筹军粮 10000 多斤，送军鞋 10000 多双。

8月7日，临时指挥部前移到距爷台山主峰不到20里的凤凰山下桃渠塬东边的兔鹿村，后移驻桃渠塬。

8日夜，暴雨倾盆。23时，总攻击开始。我作战部队猛烈进攻，守敌负隅顽抗。为迅速结束战斗，9日凌晨，临时指挥部命令358旅投入战斗，集中炮火压制敌人。10时，358旅8团2营6连冲进敌碉堡外壕，展开手榴弹对攻和拼刺刀，反复冲杀，激烈异常。14时全歼主峰守敌。10日，战斗结束，参战部队收复了爷台山周围全部失地，全歼敌5个连和1个营部。直插主峰的2营6连此役之后被誉为“硬骨头六连”。

张宗逊、习仲勋指挥参战部队仅用不到3天时间，便将进犯之敌击溃，全面收复失地。毛泽东在《抗日战争胜利后的时局和我们的方针》一文中高度评价：“不久以前，国民党调了六个师来打我们关中分区，有三个师打进来了，占领了宽一百里、长二十里的地方。我们也照他的办法，把在这宽一百里、长二十里地面上的国民党军队，干净、彻底、全部消灭

爷台山反击战纪念碑

之。”爷台山的胜利极大地鼓舞了边区军民保卫胜利果实的信心，而对于习仲勋来说，这只是他驰骋西北战场的序曲。

12 日，美军调查组以“中间人”身份进行所谓“现地调查”。散落四处的弹壳和弹药箱上的英文字母以及缴获的美式武器，令偏袒国民党军队的调查组尴尬不已。

硝烟尚未散去，一身征尘的习仲勋即被任命为中央组织部副部长，走向了新的领导岗位。

十五、毛泽东的九封来信

1945年10月，高岗调东北工作，根据毛泽东提议，由习仲勋主持中共西北中央局工作。毛泽东在向党内同志介绍时说："要选择一位年轻的同志担任西北局书记，就是习仲勋，

中共西北中央局书记习仲勋（右）和副书记马明方亲切交谈

他是从群众中走出来的群众领袖。”

“群众中走出来的群众领袖”，习仲勋当之无愧。曾和他从绥德一路赶往延安的美国学者李敦白回忆说：“他走到哪里，好像每一个村庄都有认识的人，他碰到这个人说，你婆姨的病好了没有，碰到那个人说，你爸爸的腰疼好了没有。”

此前，对习仲勋的工作安排，毛泽东曾有过几种考虑：一是与王震率部南下，二是和高岗去东北，再就是同陈毅去华东。毛泽东最后告诉习仲勋：“我考虑再三，你还是应该留在陕北，首先把陕甘宁边区建设好、巩固好，这是当务之急。”

这一年，习仲勋 32 岁，是各大分局中最年轻的书记。之前的 9 月，习仲勋已兼任陕甘宁晋绥联防军代政委，直接肩负起保卫党中央、保卫陕甘宁边区的重任。

1946 年初夏，《双十协定》签署不久，国民党军以 30 万重兵首先对中原解放区发起大规模进攻。

毛泽东密切关注着事态发展，就接应中原突围后的王震部安全返回边区及打击胡宗南部对边区的进犯等重要问题，在王家坪住地约谈习仲勋，当面征询他的意见，又在不到两个月时间里，接连给习仲勋亲笔写了九封信。

7 月 26 日，毛泽东致信习仲勋，“请考虑派一二个大员去帮助李、王两部，如汪锋及其他适当之人”。

此前的 6 月份，习仲勋已派西北局统战

毛泽东接连给习仲勋写了九封亲笔信

部民运科长刘庚前往陕南迎接。8 月 10 日，又派汪锋从马栏出发，于 9 月 18 日到商洛主持鄂豫陕工作。

8 月 10 日一天之内，毛泽东两次致信习仲勋。第一封信指出："请考虑派出几支游击队（武工队性质），策应李先念、王震创造游击根据地，以利将来之发展。"紧接着又在第二封信中提出："十七军八十四师开陕南佛坪堵击我王震部。八十四师内是否有同志及同情者，情况如何，请查明见告为盼！"

11 日，习仲勋致电陇东地委书记李合邦、甘肃工委书记孙作宾、警 3 旅旅长黄罗斌、政委郭炳坤，令派出一百五六十

习仲勋与乌兰夫、王维舟、马明方在延安

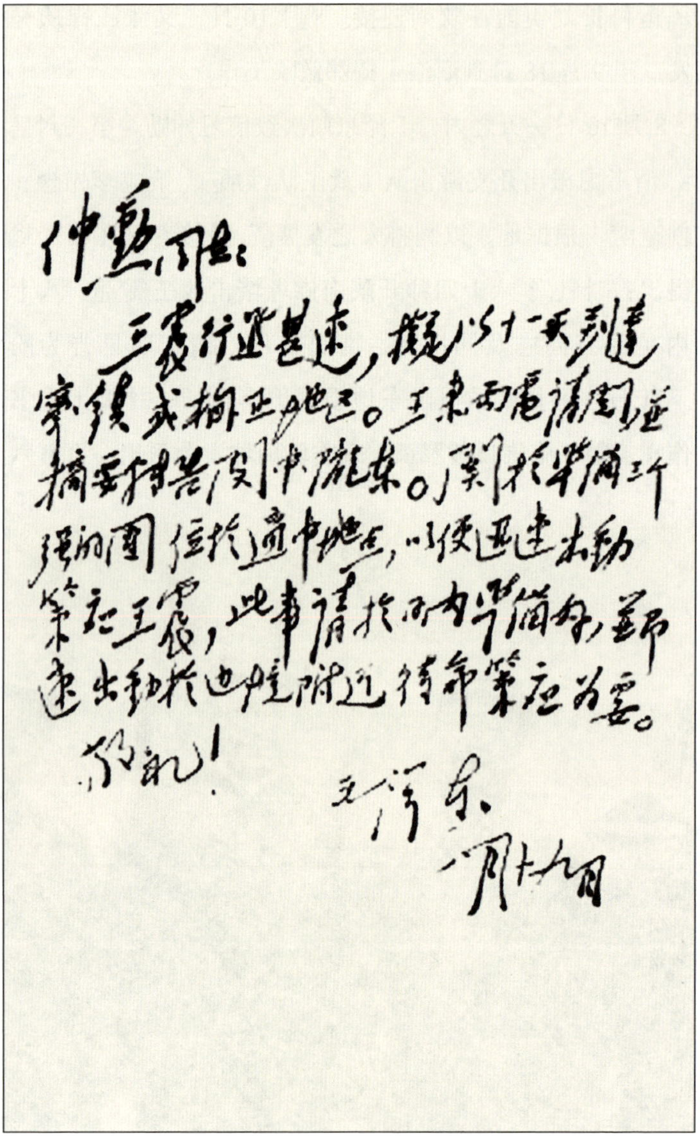
仲勋同志：

王震行进甚速，拟以十一天到达宁镇或榆正地区。王来两电请阅并摘要转告及关中、陇东。关于集结三个团位于适中地点，以便迅速出动策应王震，此事请于两日内集结好，并即速出动于边境附近待命策应为要。

敬礼！

毛泽东

八月十九日

毛泽东 1946 年 8 月 19 日来信

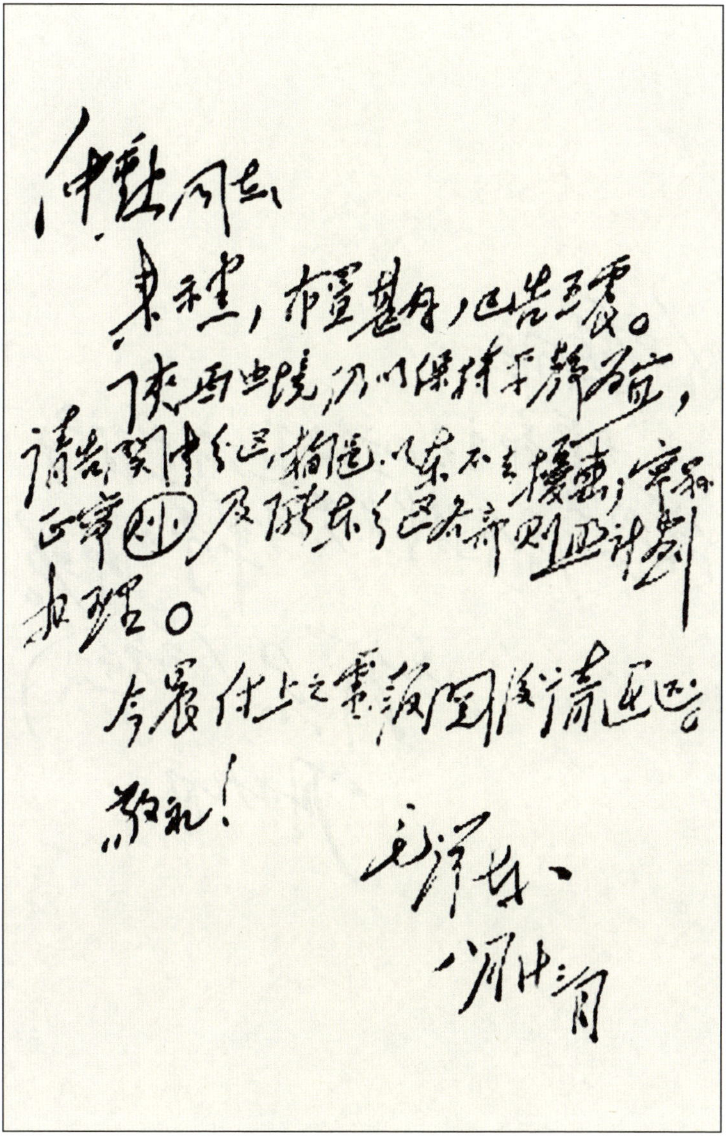

毛泽东 1946 年 8 月 23 日来信

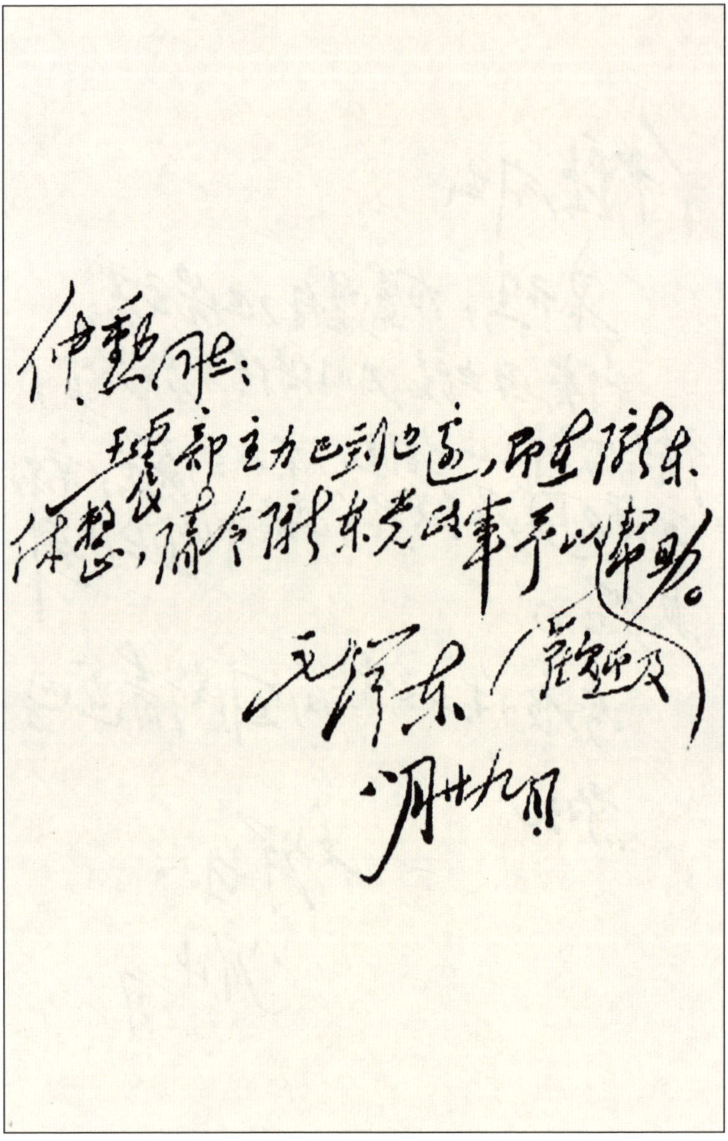
仲勋同志：
王震部主力已到你处，即在陇东休整，请令陇东党政军予以帮助。
毛泽东
八月廿九日

毛泽东 1946 年 8 月 29 日来信

人的武装向陇南活动，创造游击区，抓紧时间做好接应准备工作，派若干武工队向海原、固原、静宁、庄浪一带活动，并严令不得泄密。同时，抽调警一旅两个加强连300多人组成西府游击支队，由赵伯经带领开赴麟游山区，牵制胡宗南部队，减轻359旅压力。

8月19日，毛泽东致信习仲勋，要求“准备三个强的团”，“即速出动于边境附近，待命策应为要”。

19日夜10时，习仲勋和联防军代司令员王世泰等电令新4旅全部和警3旅7团在两日内做好战斗准备（以轻装做准备），待命行动。

20日夜10时，习仲勋和王世泰等发布命令，组织南线出击，令新4旅为左翼，担负长武、彬县之间缺口的突破出迎任务；警3旅7团等部为右翼，担负平凉、泾川之间缺口的突破出迎任务；警1旅组织小股游击队昼伏夜出，于淳化、旬邑一带麻痹牵制敌人等。

22日，习仲勋又致电张仲良、李合邦等，令立即出动，不要迟延。是日夜，难以入睡的毛泽东提笔致信习仲勋，询问长武、彬县、平凉、隆德、静宁、正宁、宁县、西峰、镇原、固原等地敌军兵力及布防情况。

23日，南线出击开始。359旅绕道陇县，向北疾驰。习仲勋将南线出击及敌军布防情况电告毛泽东。毛泽东当日复函习仲勋，表示“来示悉，布置甚好，已告王震”。

1946年9月，王震率359旅回到陕北

24日，习仲勋和王世泰电令部队，指出此次出击主要任务为迎接王震部安全进入边区，对追堵之敌必须奋勇排除，打击与消灭之，在掩护王部安全通过后，须徐徐收束攻势，撤回边区。

29日，359旅在长武、泾川间越过西兰公路，渡过泾河，在镇原屯子镇与警3旅胜利会合。当日，毛泽东难掩喜悦之情，再次致信习仲勋，指示："王震部主力已到边边（注：即陕甘宁边区的边沿地区），即在陇东休整，请令陇东党政军予以欢迎及帮助。"

9月1日，毛泽东致信习仲勋："胡宗南似有向陇东进攻之计划，我们如何应付，请加筹划，并见告。"

2 日，在收到习仲勋关于敌我形势和作战方案的报告后，毛泽东再次致信习仲勋：“来信收到。即照所定方针去做。作战时，注意集中绝对优势兵力歼敌一部，如来信所说，集中六至七个团，歼敌一个团。”

习仲勋在回忆毛泽东九封来信的往事时，深有感触地说：“毛主席把我叫去，问我路怎么走，从哪里过渭河，并要我派人接应。这期间，主席不几天就来一封信，有时隔一天一封，一个多月的时间，就写了九封信。”

十六、策动横山起义

抗战胜利后，国民党军迅速调整军事部署，尤其是加强了横山到榆林一线的驻军，图谋南北夹击陕甘宁边区。习仲勋及时策动和直接领导的横山起义，打乱了国民党军的战略部署，解放了无定河以南广大地区，有力地保障了边区的北线安全。

延安时期的习仲勋

1946年6月，毛泽东约见习仲勋，听取他就西北局和边区各项工作的汇报。习仲勋提出了策动驻横山波罗堡的胡景铎所属部队起义的设想（胡景铎时任陕北保安指挥部副指挥），引起毛泽东的重视，当即指出要抓住时机，解放榆横地区，扩大回旋余地。

胡景铎

长城脚下、无定河畔的广袤土地，历来是兵家必争之地。作为明长城三十六堡之一的波罗堡扼守着无定河南北两岸交通要道，自古就是一处著名的军事要塞。

胡景铎是著名爱国将领胡景翼将军的六弟。习仲勋和胡景铎以及胡景翼之子胡希仲都是立诚中学的同班同学，不仅有着难忘的同窗之谊，而且一直保持着秘密的统战关系。

早在该年春，习仲勋将与胡景铎也是同乡同学的师源调任绥德地委统战部副部长，派他两次进入波罗堡和胡景铎取得联系，并抽调 30 多名骨干秘密进入胡部开展工作，为起义打下坚实基础。师源第二次到波罗堡时向胡景铎宣布，由习仲勋介绍，中共中央批准他加入中国共产党，党龄从该年 7 月 1 日算起。同时，西北局批准胡部张亚雄、许秀岐等人为中共党员。至此，起义进入实施阶段。

8 月，习仲勋同王世泰等研究北线战役作战方案，成立了北线作战指挥部，由王世泰任总指挥，张仲良任政委，以接应起义部队。月底，毛泽东和习仲勋、王世泰约谈，强调集中优势兵力打歼灭战的战术原则问题。8 月 28 日，习仲勋在《解放日报》发表文章《提高警惕，保卫边区》。

9 月中旬，习仲勋派出西北局统战部处长范明携带他在白绫上写下的亲笔信，去波罗堡与胡景铎面商起义计划。出发前，习仲勋就如何实施起义先后 3 次和范明谈话。到波罗堡后，范明和胡景铎等人具体商定了起义计划和行动方案。范明回忆说："我公开讲我是什么人，是习仲勋把我派来的，要我来看你，叫你起义。就是这样，因为他们知道我们那个关系，绝对不会出卖我们的，他们马上把我请进去。"

波罗堡遗址

范明返回延安向习仲勋报告了起义准备情况。习仲勋立即和王世泰、范明一同前往枣园向毛泽东汇报。

横山起义纪念碑

10 月 13 日拂晓，北线战役打响。一面鲜艳的红旗在波罗堡城头冉冉升起，胡景铎率领保安第 9 团 5 个大队 2100 余名官兵宣布起义。同日，驻石湾、高镇的保九团所属 1400 多人亦先后起义。胡景铎又致信驻横山的国民党 22 军独立骑兵团敦促该部起义。16 日，该部近 2000 人起义。24 日，边区部队攻克响水堡，北线战役结束。横山起义使 5000 将士走上了革命的光明大道，解放了无定河以南 5000 余平方公里的广阔区域，为日后转战陕北赢得了回旋余地。

与此同时，国民党军胡宗南部也开始集结，意图进攻边区。毛泽东于 11 月 6 日致信习仲勋，通报了“胡宗南第一军第九十军已开始由禹门口渡河西进，有直攻延安模样”，并就备战作了部署。13 日，习仲勋在边区政府机关干部动员会上号召全体军民动员起来，保卫延安，保卫边区，保卫毛主席。

习仲勋在保卫延安动员大会上讲话

21日，他和王世泰等联名发布了《关于阻敌进攻延安》的命令。

12月16日，习仲勋和中央军委副主席兼参谋长彭德怀在山西离石县高家沟参加了陕甘宁边区、晋绥军区、太岳地区高级干部会议，研究了黄河两岸两个解放区联防部署和配合作战等问题，还带去5000万法币，以补东岸军需。胡宗南闪击延安的图谋在无奈中落空了。

24日，习仲勋陪同刘少奇、周恩来、朱德、任弼时等中

1946年，习仲勋在陕北

央首长在延安枣园礼堂接见胡景铎等起义官兵。当晚，毛泽东参加了招待宴会。他风趣地说："景铎同志，你能在敌强我弱的情况下，下邓宝珊的船，上习仲勋的船，你选择这个道路是很正确的。"

毛泽东：胡景铎深明大义，能上习仲勋这条船，是一个正确的选择

十七、边区各部队统归彭德怀、习仲勋指挥

1947年3月3日，陕甘宁野战集团军司令员张宗逊、政委习仲勋指挥部队在合水西华池歼敌48旅1500余人，击毙旅长何奇，是谓“西华池序战”。

解放战争时期的习仲勋

此时胡宗南调集34个旅，约25万兵力，兵分6路向延安发动重点进攻，妄图毕其功于一役。

毛泽东和中央军委对此高度重视，经深思熟虑，决定由彭德怀和习仲勋联手完成这项艰巨而光荣的任务。彭德怀是中央军委副主席，具有指挥大兵团作战的

丰富经验。习仲勋是陕甘根据地和西北红军的创建者和领导者之一，谙熟西北的地理民情，深受边区军民爱戴，具有军队思想政治工作的丰富经验。彭习联手，有利于动员边区一切力量对敌作战，使进犯之敌陷于人民战争的汪洋大海之中。

13 日，延安保卫战打响。

14 日，中央军委电令习仲勋“即回延安与彭德怀同志一处主持边区全局”。

边区一切部队统归彭德怀、习仲勋指挥

习仲勋飞马疾驰两天两夜，于 16 日由南线回到王家坪中央军委和毛泽东住地。一见面，彭德怀就将毛泽东起草的中央军委主席命令递到他手上。命令组成右翼兵团（张宗逊、廖汉生）、左翼兵团（王震、罗元发）和中央兵团（张贤约、徐立清）节节抗击。命令指出：上述各兵团及边区一切部队，自三月十七日起统归彭德怀、习仲勋指挥。这是毛泽东和中央军委离开延安前发出的最后一道命令。命令虽未授予正式番号，但已开始使用西北野战兵团的名称。

撤离延安后的第三天，3 月 21 日，彭德怀和习仲勋联名致电中央军委：“敌占延（安）后动向尚未判明。我各兵团力求隐蔽，自 22 日起暂休 7 天。边区全面部署今晚请中央批示后再发各区。”这是彭德怀和习仲勋联名发出的第一封电报。胡宗南见“共军不堪一击”，益发骄狂，留 10 个旅于延安以南，用 10 个旅急切寻找西北野战兵团主力决战。

1947 年春，习仲勋和彭德怀（左）一起研究作战部署

3 月 23 日，西北野战兵团在青化砭设下“口袋”阵。25 日 10 时许，敌 31 旅完全钻进“口袋”，尚未展开即被压缩在十四五里长、二三百米宽的山沟里，乱作一团。历时 1 小时 47 分钟，歼敌 2993 人，俘少将旅长李纪云，缴获子弹近 30 万发。李纪云连声哀叹：就这么完了？真想不到，太快了！太快了！

4 月 10 日，西北野战兵团在子长县云山寺召开旅以上干部会议，强调整顿部队纪律。习仲勋严肃批评了侦察部队中“与其让敌人吃不如自己吃”的错误思想和行为，提出建立纪

习仲勋与彭德怀（左二）、徐立清（左一）、张文舟（左四）在青化砭察看地形

律检查制度。他说，军民团结是战胜敌人的基础，团结愈好，胜利愈大。

4月14日，西北野战兵团在羊马河以北再次设伏。10时许，敌135旅被诱至伏击圈中，形成以4个旅围歼1个旅的绝对优势。胡宗南部董钊、刘戡两个军的主力相距仅数里，但被我军死死钉住，欲救不能。经6小时激战，歼敌4700余名，俘敌少将代旅长麦宗禹，首创全歼1个整旅的范例，被誉为“虎口夺食”。

羊马河战场遗址

习仲勋回忆战斗情景时说："敌主力在我军数里之遥的山头上，眼看我军缴枪、捉俘虏也无可奈何。这一仗，离青化砭之捷不到20天。"

习仲勋要求部队在休整期间积极组织讨论战时政治工作，讨论如何使每个党员在战斗发起前、进行中以及结束后都明白自己的任务，党的基层组织被破坏时如何立即恢复，如何指挥每个炊事员、饲养员行动，如何迅速争取解放战士补充部队等具体问题。

蒋介石急令胡宗南主力北上、邓宝珊部南下，企图将西北野战兵团消灭于佳县、吴堡地区。胡宗南主力北上之后，其蟠龙守军7000人势成瓮中之鳖。蟠龙是国民党军在陕北的重要补给站。彭德怀、习仲勋决心抓住战机，歼灭蟠龙之敌。5月2日黄昏，蟠龙攻坚打响。

进攻几番受阻。彭德怀和习仲勋命令部队发扬军事民主，召开连排干部会议和以班为单位的战士会，总结经验教训。指战员纷纷献计献策，提出以对壕作业逼近铁丝网和碉堡，以爆破开辟冲锋道路，轮番佯攻消耗敌人火力等一个个好办法。这是彭习大军在战斗间隙的一个创造，被称为“火线诸葛亮会”。

1947年春，习仲勋与廖汉生（左三）、张仲良（左四）等在战斗间隙

西北野战兵团向蟠龙守敌发起进攻

3 日下午再次发起总攻。至 4 日 24 时，全歼守敌，俘少将旅长李昆岗，缴获军服 4 万套，面粉 1 万余袋，子弹百万余发及大量药品。

随军的新华社记者写下了一首颇为有趣的打油诗：“胡蛮胡蛮不中用，延榆公路打不通，丢了蟠龙丢绥德，一趟游行两头空，官兵六千当俘虏，九个半旅像狗熊，害得榆林邓宝珊，不上不下半空中。”

5 月 14 日，在安塞县真武洞召开西北野战兵团祝捷大会。会前，为照顾齐心与习仲勋见面，组织上特意安排齐心参加陕甘宁边区慰问团到了真武洞。没想到，习仲勋看见妻子齐心，却当面给予严厉批评：“这么艰苦，你来干什么？”他对妻子说：

军民喜读捷报

“如果战争十年，我宁可十年不见你。”

齐心没有辩解，她知道习仲勋肩上的责任，但能在千军万马中见上一面，她已经心满意足了。

5月20日，习仲勋在政治部驻地杜沟主持召开政治工作会议，讨论群众纪律、解放战士和行动中的政治工作等，提出一个时期内政治工作的中心是为解放战士工作。

同日，毛泽东在电文中写道：“我彭习军（只有六个不充实的旅）对付胡宗南三十一个旅的进攻，两个月作战业将胡军锐气顿挫，再有几个月，必能大量歼敌，开展局面。”而胡宗南不得不向蒋介石坦陈所部“几均处于劣势，危机之深，甚于抗战”。

5月30日，西北野战兵团发起陇东战役，历时19天，歼敌4300余人，收复了环县、曲子及庆阳、合水以西广大地区。战争间隙，部分指战员对优待俘虏，特别是合水战斗中所俘马步芳部士兵的政策想不通。习仲勋及时召开座谈会，指出马步芳的士兵也都是被抓来的劳动人民，受到欺骗宣传说被我军抓住一个不留全杀头，所以在合水战场上硬拼。我们优待俘虏，给路费放回去，就是用事实揭穿了马步芳的欺骗宣传。

6月25日，西北野战兵团由环县向三边挺进，打击马鸿逵集团。习仲勋指出有几条河水质存在问题，要求全军自带干粮和水，明令不许吃群众的窖水，不然群众就没水吃了。7月初，先后攻克安边、盐池，随之三边分区全境收复。

向三边挺进的西北野战兵团

从 5 月 21 日至 7 月 7 日的 48 天中，西北野战兵团在陇东与三边南北 370 公里、东西 180 公里的地域内南征北战，打击青宁二马，极大地鼓舞了广大干部群众胜利的信心。

转战陕北，习仲勋和彭德怀亲密无间，野战兵团愈战愈强，组织较大战役、战斗 8 次，歼敌 2.6 万人，自身兵力由开始时的 2.6 万余人增至约 4.5 万人，充分发挥了人民战争的巨大威力，使国民党军重点进攻延安的计划受到沉重打击，初步改变了西北战场的形势。4 个月里，彭习联名与中共中央、中央军委和毛泽东之间的电报往复达 96 份之多，毛泽东将西北野战兵团亲切地称为“彭习军”，彭习之间也结下了深挚的战斗情谊。

十八、土改纠“左”，毛泽东批示“完全同意”

1947 年 7 月 21 日至 23 日，习仲勋出席了在靖边县小河村召开的中共中央扩大会议（史称小河会议）。

小河会议着重研究了加强西北战场问题，首次提出用 5 年时间打倒国民党政府的目标。会议决定将晋绥军区重新并入陕甘宁晋绥联防军，贺龙任司令员，习仲勋任政委；将西北野战

小河会议

贺龙和习仲勋

兵团定名为西北人民解放军野战军，彭德怀任司令员兼政委，习仲勋任副政委；同意中共西北野战军前线委员会以彭德怀、习仲勋、张宗逊、王震、刘景范5人组成，彭德怀任书记；决定河东（晋绥）、河西（陕甘宁）统一后方工作由贺龙负责，西北局转回后方工作。

在即将转入战略进攻之际，由习仲勋协同前方的彭德怀与后方的贺龙两位著名将帅，这是毛泽东和党中央加强西北战场的一项重大决定。

1947年8月18日，习仲勋和贺龙、林伯渠率领西北局、边区政府和联防军机关沿蟋蜊峪东渡黄河，在山西临县、离石县暂驻。此时，胡宗南部为寻找西北野战军主力决战，追至黄河西岸，反而为西北野战军创造了有利战机。彭德怀于20日指挥主力取得沙家店大捷，“风驰电掣般地消灭了西北战场上敌‘三大主力’之一的整编三十六师”，“把整个陕北战局完全扭转了”。自此，西北战场开始进入反攻阶段。21日，习仲勋和贺龙联名发出配合野战军主力反攻作战的指示。

10月中旬，习仲勋与贺龙、林伯渠回到陕北，进驻绥德县义合镇，西北局驻地在镇子北面的薛家渠村。

11月1日，西北局在薛家渠村对面的阳湾大场上召开陕甘宁边区干部会议，传达全国土地会议精神，部署土改和整党工作，史称义合会议。会议中“左”的情绪引起习仲勋的警惕

山西临县南圪垛村习仲勋住过的院落

习仲勋在薛家渠村住过的窑洞（右起第二孔）

和深思。他明确指示要坚决纠正将边区副参议长、民主人士安文钦先生“扫地出门”等错误做法。早在小河会议上，习仲勋就提出应及时纠正损害中农和民族工商业利益、乱斗乱打、抓“化形地主”等偏向。

义合会议后，“左”的偏向愈演愈烈，最严重的佳县连中农、贫农的东西也一律没收，有的烈属被扫地出门，甚至发生了马夫起来斗争马夫班长，谓之贫雇农翻身。时任《解放日报》记者张光回忆：“那个真残酷，那时候没人敢管，谁敢说反对这个事，谁说马上把你拉出来。那个时候，习仲勋就敢去跟毛主席讲，这种实事求是给我的印象特别深刻。”

12 月 25 日至 28 日，习仲勋参加了在米脂县杨家沟召开

毛泽东：好，把西北交给你，我放心

的中共中央扩大会议（史称十二月会议或杨家沟会议）。

在之前的预备会议上，毛泽东点名要习仲勋就土改问题发言。习仲勋将自己了解的真实情况一口气说了3个小时。毛泽东的表情越来越凝重，后来干脆就搬了把椅子坐到习仲勋对面，十分认真地听习仲勋发言。土改开始以来，他还是第一次听到如此之多的真实情况。就在大家都认为习仲勋的发言太过大胆时，毛泽东突然站起来大声说：“好，把西北交给你！我放心！”

会议之后，习仲勋带工作组到绥德、佳县传达会议精神，检查土改工作。针对存在的突出问题，习仲勋在一个多月时间

十二月会议旧址

里（1948年1月4日至2月8日）3次致信（电）党中央、西北局和毛泽东，直言不讳地反对“左”倾情绪，提出及时纠正“左”的偏向。

1948年1月4日，习仲勋在绥德致信西北局并转中共中央，指出“如果在老区再沿用地主富农占中国农村百分之八左右的做法，必然会导致错误”，直言“在老区发动群众运动，要坚决反对‘左’倾形式主义”，并指出：“这种‘左’的情绪，不是群众原来就有的，而是干部带去的。要将运动引向正确的方向，这还是一件很艰苦的工作。”

毛泽东1月9日复电：“我完全同意仲勋同志所提各项意见。望照这些意见密切指导各分区及各县的土改工作，务使边区土改工作循正轨进行，少犯错误。”

同一天，毛泽东还在习仲勋1月2日《关于我军攻克高家堡破坏纪律事件的报告》上批示：“高家堡破坏纪律的行为，应追究责任，并向全军施行政策教育与纪律教育。”

1月5日至13日的9天时间里，习仲勋在子洲县调查研究并检查指导工作。8日，将调查结果致信西北局。10日，西北局转中共中央。在报告中，习仲勋归纳了土改中存在的对地富一律斗争和拷打，以多打死人、多用肉刑来贯彻土地法令等9种错误现象。在西柏坡主持中央工委工作的刘少奇批示：“留交中央各同志阅。中央已阅。”

1月19日，习仲勋再次致电毛泽东，指出由于晋绥土改

1947 年，陕甘宁边区党政军部分领导同志合影。前排左起：林伯渠、贺龙、赵寿山、习仲勋、张邦英、曹力如；后排左起：王维舟、贾拓夫、杨明轩、马明方、马文瑞、霍维德

“左”的影响和义合会议潜伏的不良情绪，边区土改强调“贫雇农路线”，反对“中农路线”，导致少数不是真正的基本群众起来，弄得农村人心不安，关系极度紧张，并归纳出应该注意的 9 个问题，认为“在老区就要不怕中农当道，真正的、基本的好群众在中农阶层及一部分贫农中”。

毛泽东 20 日即复电习仲勋“完全同意”，“望坚决纠正‘左’的偏向”，并批示：“完全同意习仲勋同志这些意见。华北、华中各老解放区有同样情形者，务须密切注意改正‘左’的错误。”

2月6日，毛泽东致电习仲勋等人，征询对不同地区土改工作的意见。

2月8日，习仲勋复电毛泽东，根据边区的实际情况，创造性地提出了按三类地区进行土改的意见，即：“日本投降以前解放的地方为老解放区，日本投降以后至全国大反攻时两年内所占地方为半老解放区，大反攻以后所占地方为新解放区，此种分法，非常切合实际。因而在实行土改的内容与步骤上应有所不同。”并提出在老解放区不能搞贫农团领导一切等意见。

毛泽东对此非常重视，亲自修订习仲勋的来电，并批示：转发晋绥、中工委、邯郸局、华东局、华东工委、东北局。

习仲勋在陕甘宁边区积极推广黄家川从老区实际出发，以抽肥补瘦、填平补齐的方式调剂土地的典型经验。3月12日，毛泽东批示将黄家川经验和晋察冀平山县、晋绥区崞县3个典型经验在解放区推广。

在土改运动中，习仲勋及时向党中央和毛主席反映真实情况，提出要注意纠正“左”的偏向，并撰写了《关于一九四八年的土地改革和整党工作》、《关于土地改革和整党工作若干领导问题》等文章。他提出的应区分新老解放区、应注意纠正“左”的偏向等思想和意见，受到毛泽东和中央的高度重视，在当时及解放后的土改工作中都起到了重要的指导和借鉴作用。

十九、“一切为了前线，一切为了开展新区”

1948 年 2 月，陕甘宁晋绥联防军改名为中国人民解放军陕甘宁晋绥联防军区，简称“联防军区”，贺龙任司令员，习仲勋任政委。此时，解放大西北的历史画卷已经徐徐展开。

1948 年，习仲勋与贺龙（左一）、林伯渠（左四）、马明方（左二）、贾拓夫（左五）、王维舟（左六）等在绥德

3月3日，西北野战军取得宜川大捷。10日，边区各界在米脂杨家沟举行庆祝宜川大捷及纪念“三八”节万人大会。习仲勋在讲话中指出，宜川大捷证明：光复全边区，解放大西北已为期不远了。

4月21日，联防军区所属部队收复延安。随后，西北局进驻延安。据齐心同志和当时任战地记者的张光回忆，习仲勋就在王家坪毛泽东住过的屋子里办公。

自小河会议起，习仲勋和贺龙、林伯渠一起坐镇后方，指挥地方部队配合作战、运送军粮、开展扩军、筹措军需，为解放大西北提供了坚实依靠。

国民党军进攻延安前后，陕甘宁边区共组织了2万余人的游击队和10多万民兵，活跃在沟沟岔岔、山山峁峁，断敌交通，打敌据点，伏击车队，缉查敌特，配合主力作战，使敌昼夜不宁。

当时，边区部队及机关共约8万人，月需粮食1.6万石。1947年7月到1948年春，中央军委、毛泽东、彭德怀给习仲勋和贺龙关于筹运军粮的急电就多达20余份。西北局制定了《陕甘宁边区组织运粮救灾工作大纲》，成立运粮救灾指挥部，习仲勋亲任政委。各地成立兵站，使野战军所到之处皆能及时补充军粮。据不完全统计，1947年陕甘宁边区缴纳公粮24.6万石，比上年增加8.3万石。在一年时间，筹运军粮120多万石，柴草1.2亿斤，做军鞋92万双。

人民解放军收复延安

毛驴队支援前线

群众踊跃支前的一幕幕清晰地刻印在习仲勋的记忆里：“1947 年 10 月，我在绥德、米脂、清涧一带，亲眼看到许多乡亲把还未完全成熟的高粱、豇豆采收回来，连夜炒干交给部队。”

习仲勋在 1948 年 2 月 8 日给西北贸易公司经理兼西北农民银行行长喻杰等人的信中指示：“准予以肥皂作外汇在内地主要据点交换进口物资，但务须按规定章程办事，以免流行内地，妨碍缉私。”这仅是繁重而有序的支前工作的一个缩影。

习仲勋和贺龙在联防军区内部精简机构以充实作战部队，并多次发布参军动员令，先后动员 4.2 万名青年参军。

习仲勋还及时提醒部队和派出的干部，要负起保护文物的责任。在 3 月 26 日，他和贺龙、林伯渠联名颁发了《关于保护各地文物古迹的布告》。

同时，习仲勋还要参与西北野战军重要的作战决策，出席前委会议，协助彭德怀做好部队思想政治工作。

1948 年 5 月 26 日，习仲勋出席了在洛川县土基镇召开的西北野战军前委第二次扩大会议（史称土基会议）。会议检讨总结了西府战役的经验教训。习仲勋严肃指出作战中存在严重的自由主义，对放任迁就、执行命令不坚决甚至贻误战机的纵队领导提出了严厉批评。

胜利的步伐不断加快。习仲勋提出西北局工作的方针是“一切为了前线，一切为了开展新区”。

习仲勋在西北野战军前委第二次扩大会议上讲话

1948年春夏，西北局连续三次召开会议，研究新区工作。7月19日至8月4日，又召开了陕甘宁边区地委书记会议。习仲勋在会议开始和结束时作了主题报告，提出了基本区、接敌区和新区三个新概念，指出接敌区和新区以对敌军事斗争为中心，暂不土改；基本区包括老区和半老区的大部分，不再提土改，以确定地权、发放土地证为中心，以大生产运动为基本任务。

11月，根据中央军委命令，陕甘宁晋绥联防军区改为西北军区，贺龙任司令员，习仲勋任政委。

大西北的黎明即将到来。接管城市已成为一项紧迫的新课题。1949 年 1 月 11 日至 23 日，中共西北野战军第一次代表会议在渭北武庄召开。17 日，习仲勋作《关于接管城市的问题》的报告。他提出基本方针是首先了解、熟悉、精通，之后根据一定可能的条件，逐步合理地去改革；具体政策是“拆散机构、利用材料”，即彻底粉碎旧的政权机关，代之以人民的政治机构，而设备要保护保存，一般公务员经过必要的改造可酌量使用。

习仲勋在中共西北野战军第一次代表会议上作《关于接管城市的问题》的报告

习仲勋出席党的七届二中全会

1月24日，西北野战军前委会议根据中央军委命令，决定西北野战军改为中国人民解放军第一野战军，自2月1日起启用新番号。同年11月30日，第一野战军和西北军区合并，习仲勋任第一野战军暨西北军区政委。

1949年3月5日至13日，习仲勋在河北省平山县西柏坡出席了党的七届二中全会。

5月10日，习仲勋在延安桃林广场举行的进军西安干部

1949年2月15日，陕甘宁边区参议会常驻议员及政府委员合影。第二排左五为代议长习仲勋

动员大会上讲话，他强调必须保持严格的纪律，密切联系群众，才能顺利地完成接管和建设西安的任务。他说：“我们不怕不懂，只怕不学。只要我们有甘当小学生的精神，我们就可以当大学生；反之，怕当小学生，就永远是个小学生。”

6月4日，《群众日报》（西安版）发布重要消息：西北人民领袖、党政军负责同志、中共西北中央局书记习仲勋，中国人民解放军西北军区司令员兼西安军事管制委员会主任贺龙和马明方、刘景范、赵寿山等均已抵达西安。进入西安后，

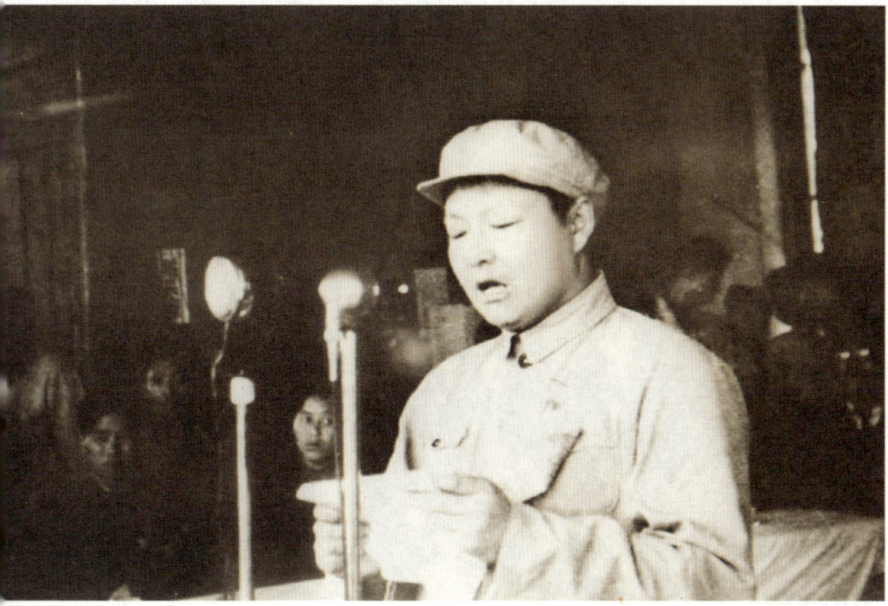

1949年6月，习仲勋在保卫西安动员大会上讲话

习仲勋暂住原国民党省府驻地新城大院（今陕西省政府所在地），后搬至小差市国民党西安市长王友直公馆办公（在今西安市建国路）。

6月8日，中共中央决定组成新的中共中央西北局，彭德怀任第一书记，贺龙任第二书记，习仲勋任第三书记。时彭德怀指挥第一野战军向西北（甘、宁、青、新）进军，贺龙准备率军入川，习仲勋分工主持西北局日常工作。

9月30日，中国人民政治协商会议第一届全体会议在北

1949年秋，习仲勋（右二）与贺龙、刘伯承、邓小平、陈毅、王维舟（从左至右）在北京颐和园合影

京闭幕，习仲勋当选为中央人民政府委员会委员，并在稍后被任命为中央人民政府人民革命军事委员会委员。

1949 年 10 月 1 日，毛泽东在天安门城楼向全世界庄严宣告:“中华人民共和国中央人民政府今天成立了!”中华民族从此开启了新的伟大历史篇章，新中国如同朝阳冉冉升起在东方的地平线上。

二十、经略大西北

新中国成立之后，在彭德怀、习仲勋领导下，西北的建政工作迅速而有序。1949 年 10 月 31 日、11 月 2 日、11 月 10 日，习仲勋 3 次主持召开西北局常委办公会议，研究讨论西北军政委员会组织机构设置方案，并提出军政委员会要配备若干党外人士，各省政府委员会中党外人士应占三分之一。习仲勋特别提出，民主人士马惇靖可参加宁夏省政府的工作，马鸿宾可任甘肃省人民政府副主席。仅用了几个月时间，西北各省人民政府就相继成立。

习仲勋还选择陕西长安县作为建政工作试点。在 10 月 8 日上午，习仲勋出席了长安县第一届农民代表大会开幕式，他在讲话中提醒各级干部："一定应该懂得我们是人民的长工，是人民的勤务员，必须虚心向群众学习，听从掌柜的管教。"

1950 年 1 月 19 日，西北军政委员会在西安正式成立，彭德怀任主席，习仲勋、张治中任副主席，委员会由 44 人组成，其中党外人士占三分之一多。西北军政委员会是中央人民政府在西北地区实行军事管制的代表机关，并代行西北人民政府职权。

习仲勋在19日的就职典礼上诚恳表示："当一本过去为人民服务的精神，和全党同志一起，和各民族、各界党外人士一起，彼此共策共勉，当好西北人民的忠诚勤务员。"

当年3月，彭德怀临去北京开会前，在西北局常委会上说："我去北京后，政府职务由习（仲勋）代，对内对外，出命令也叫代主席。"

10月4日，一架北京飞来的专机接走了彭德怀。几天后，

1950年，习仲勋在批阅文件，右为秘书兼研究室主任黄植

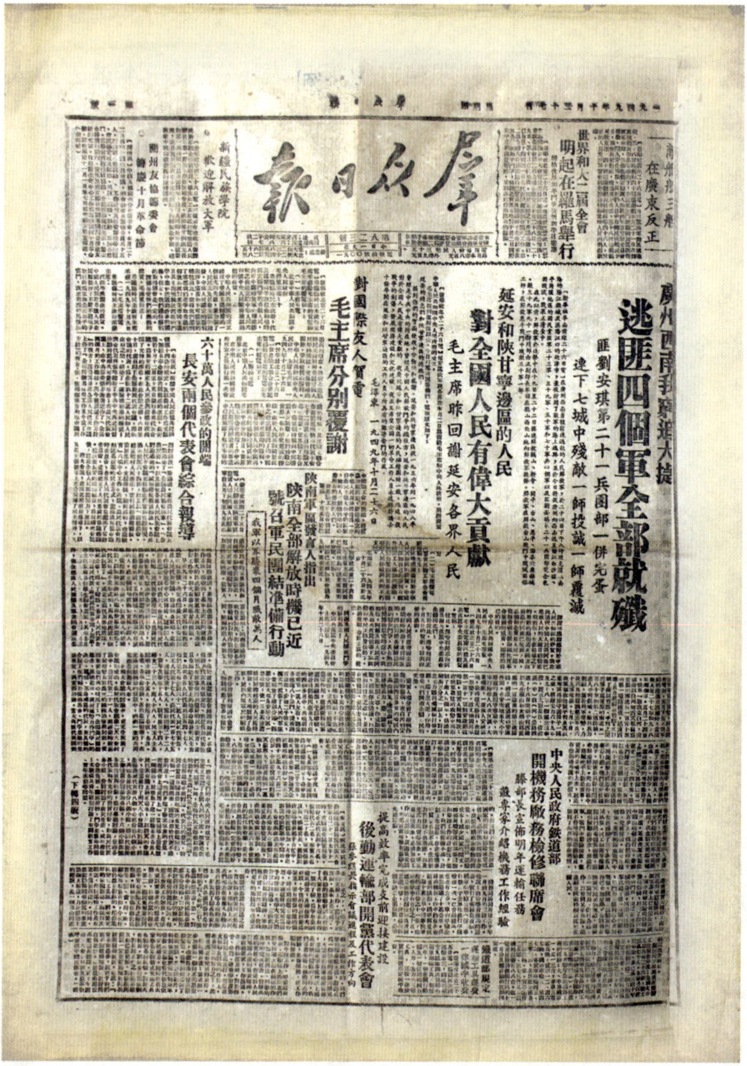
群众日报

新疆民族学院 欢迎解放大军

世界和大二届全会 明起在罗马举行

逃匪四個軍全部就殲

匪劉安琪第二十一兵團部一併完蛋

連下七城中殘敵一師投誠一師覆滅

延安和陝甘寧邊區的人民 對全國人民有偉大貢獻

毛主席昨回謝延安各界人民

對國際友人賀電 毛主席分別覆謝

六十萬人民參政的開端 長安兩個代表會綜合報導

陝南軍區發言人指出 陝南全部解放時機已近 號召軍民團結準備行動

中央人民政府鐵道部 開機務廠務檢修聯席會

提高政策完成支前迎接建設 後勤運輸部開黨代表會

1949 年 10 月 27 日,《群众日报》报道长安县召开两个代表会议的情况

1950 年 1 月 19 日，习仲勋与彭德怀（左五）、张治中（左四）等在西北军政委员会成立大会上接受各民族代表敬献锦旗

习仲勋才知道，彭德怀将率领中国人民志愿军赴朝作战。经略大西北的历史重担从此就落在了习仲勋的肩上。

大西北幅员辽阔，山河壮丽，自古以来就是多民族聚居的地区，经济社会发展极不平衡。

经略大西北的历史重担落在习仲勋肩上

搞好民族团结是西北工作的重中之重。习仲勋提出一切工作都要在民族团结的基础上，按照“稳进慎重”的方针进行，其基本顺

1950 年 1 月 19 日，西北军政委员会主席、副主席、委员合影

1950 年 6 月，中共七届三中全会在北京举行。出席会议的中央委员、中央候补委员合影。习仲勋出席了这次会议

序是先争取各民族上层人士，争取宗教方面人士，然后去发动群众，不可颠倒过来。当时，西北军政委员会会议每年召开两次，每次都邀请各民族、各界、各民主党派人士列席，人数达到委员数的两倍到三倍。

做好民族地区的土改工作，对新生的人民政权是一项重要考验。习仲勋亲自兼任西北土改委员会主任，按照先农业区、后牧区的顺序，稳妥推进工作。针对存在大量牧区和半农半牧区，土地问题同民族问题必然地联系在一起的实际，他创造性地提出了“联合封建反封建”的观点，就是联合一部分封建反对大部分封建，先做好争取各民族上层、争取宗教方面的统一战线工作，然后去发动群众，在和平稳定的形势下自上而下有

1950年7月，习仲勋与彭德怀（右一）、张治中（右二）、贾拓夫（右三）在西北军政委员会第二次会议上

序进行。

曾任西北局统战部处长的江平深有感触地回忆说："习仲勋这套办法，没有理论上高度的修养，没有充分的勇气，在阶级斗争的环境下提出来是非常不容易的。这个报告，恰恰就得到了毛主席的批准。联合一部分封建，使西北那些大头子、大地主都成了民主人士，都成了我们团结的对象。"

1950 年，习仲勋与前来西北指导宝（鸡）兰（州）铁路工程规划施工的铁道部副部长吕正操（左）及苏联专家合影

1951 年二三月间，"北京教授土地改革参观团"到西北考察。3 月 18 日，毛泽东批示："吴景超、朱光潜等去西安附近看土改，影响很好。要将这样的事例教育我们的干部，打破关门主义的思想。"1953 年底，西北地区分批完成了土改任务。

在落后的西北地区发展经济、进行工业建设，是摆在中共中央西北局面前的艰巨任务。困难面前只能迎难而上。

习仲勋提出改进企业管理，在经济战线上打胜仗，需要工人和资本家两方面的共同努力。在1950年4月的一次讲话中，他指出，一方面要告诉资本家们，认识到发挥工人在协助生产管理方面的积极性和遵守劳动纪律的自觉性；另一方面也要告诉工人群众们，搞好生产也是私营工厂中工人的责任，对于改进管理，工人们应积极地提出意见，和资本家协商解决，但不要因此去干涉

1950年7月至9月，西北地区第一次教育会议在西安举行。图为习仲勋和彭德怀（左一）、萧三（左二）、艾青（左三）、赵仲池（左四）合影

资本家的行政权和用人权等。

在1950年3月召开的西北首届交通会议上，习仲勋提出：要做好交通部门的工作，必须发动全体员工积极努力，在补修路基、桥梁，护路、养路等各项工作中，要吸收沿线广大农民参加。1952年8月23日，天兰铁路全线贯通。9月11日，习仲勋题词祝贺："庆祝修成天兰铁路的伟大胜利！西北各族人民多年的愿望，解放后三年就实现了，这是一件大喜事，我们必须继续努力，为实现西北铁路干线及一切必须修筑的铁路工程而斗争。"

习仲勋非常重视农业生产工作，从1950年到1952年，每

1951年3月，习仲勋与赴朝鲜的中国人民慰问团西北团全体代表合影

1951年国庆节，习仲勋与张治中、贾拓夫（从左至右）在西北军政委员会举行的阅兵式上

年春耕前，都以西北军政委员会的名义及时发出关于农业生产贷款等工作的指示，要求各级成立“农贷委员会”，用国家宝贵的资金“有重点有计划地扶助发展农业，兴修水利，增产粮棉，繁殖牲畜”。

习仲勋鼓励陕西兴平县张明亮等47个互助组向西北和全国小麦产区提出夏收、夏选（选留小麦良种）的挑战竞赛。国家农业部亦号召全国小麦产区“予以高度重视，在总结春耕生

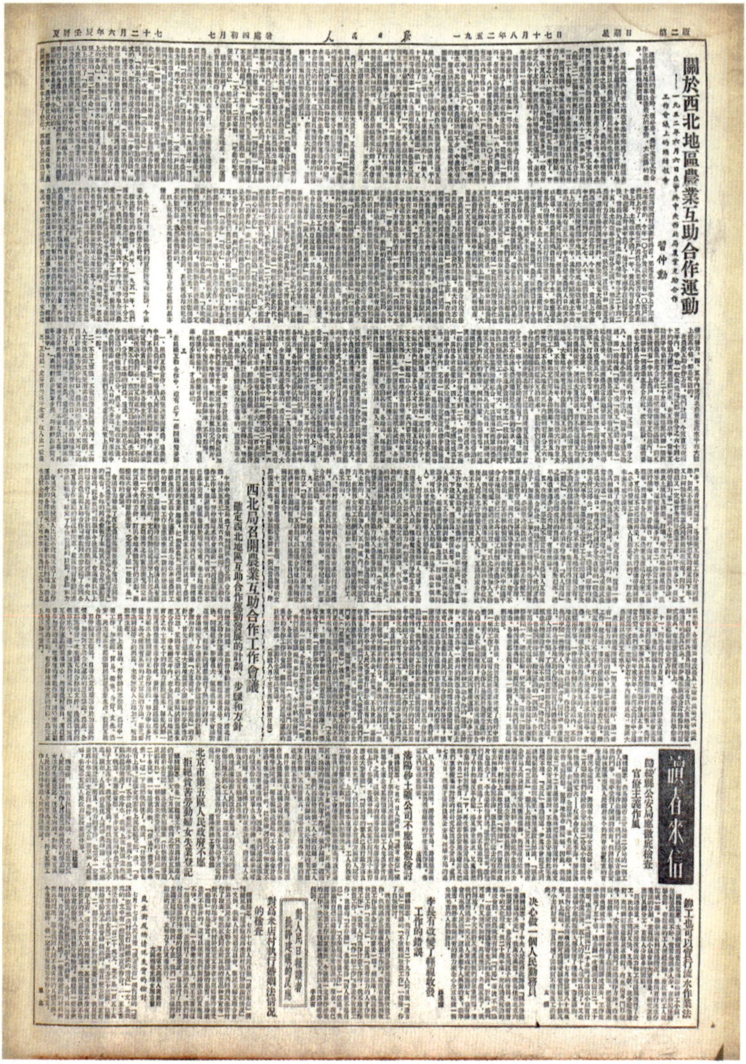

關於西北地區農業互助合作運動

——一九五二年六月六日在中共中央西北局農業互助合作工作會議上的總結報告

習仲勛

西北局召開農業互助合作工作會議

確定西北地區互助合作運動發展的計劃、步驟和方針

讀者來信

1952年8月17日，《人民日报》刊载习仲勋在西北局农业互助合作工作会议上的总结报告

产的基础上组织互助组应战”。陕西有3300个互助组，全国有8500个互助组积极应战。此外，西北地区还开展了棉花爱国丰产竞赛以及造林、水利和畜牧等劳动竞赛。

1951年春，西北军政委员会要求全年“完成造林57615亩，植树2676万株的任务，把西北林业工作推进一步”。1952年，积极开展每人一年一株树运动，号召将西北所有铁道旁、公路旁、河畔、秃山逐渐绿化起来。9月3日，习仲勋出席首届西北林业工作会议，他指出：“我们现在做的事情，就是不仅要认识中国，而且要改造中国，建设一个更好更美丽的中国。”他还向西北人民发出号召：“我们要在数千里的流沙线上，建造森林长城，要在滚滚河流的两岸和红土山上，到处种起树来。”

1950年，习仲勋和夫人齐心、女儿桥桥在西安

1951年5月27日，习仲勋致信毛泽东和中共中央，建议早日

开发西北石油，并派西北石油管理局负责人康世恩赴北京同燃料工业部具体研究。西北石油工业在共和国初期就得到长足发展，成为带动西北经济发展的龙头。

习仲勋严格掌握政策，实事求是地领导了西北地区的“三反”、“五反”运动（1951 年底到 1952 年 10 月，在党政机关工作人员中开展的反贪污、反浪费、反官僚主义和在私营工商业者中开展的反行贿、反偷税漏税、反盗骗国家财产、反偷工减料、反盗窃国家经济情报的运动）。特别是在进入“打虎”高潮阶段，他及时提出要“密切指导，严密控制，坚持可疑错，不可打错，防止逼供信”。毛泽东肯定他“提得很好”，批示“在运动到了高潮时期，必须唤起同志们注意这一点”。

1952 年初，毛泽东在审阅习仲勋从西安发来的《关于中共中央西北局委员会全体会议情况》的报告时，称赞这份报告写得好，并向党内同志称赞习仲勋“炉火纯青”。

二十一、中央人民政府特命代表

1951 年 4 月 22 日，第十世班禅额尔德尼 · 确吉坚赞率堪布会议厅官员第一次赴京途经西安时，习仲勋代表中共中央西北局和西北军政委员会到机场迎接。在机场，这位英俊年少的

习仲勋在西安机场迎接第十世班禅额尔德尼 · 确吉坚赞（左二）

习仲勋和第十世班禅额尔德尼·确吉坚赞（前排左四）等人合影留念

活佛与和蔼可亲的习仲勋一见如故，相谈甚欢。习仲勋感叹地说：有志不在年高哇！这一年，第十世班禅额尔德尼·确吉坚赞13岁。

由于复杂的历史原因与帝国主义势力对西藏的侵略和干涉，在20世纪20年代，第九世班禅额尔德尼·曲吉尼玛被迫离开西藏，直到最后示寂都未能返回世代住持的扎什伦布寺。

随着人民解放军开始进军西藏，班禅堪布会议厅也提出尽快回藏的请求。为此，习仲勋与中共中央西北局研究后致电中央："只有在全藏解放后或我中央政府与达赖政府谈判协议成立后，回藏才正合时机，过早对我解放西藏决策及团结全藏的方针都会有影响"。西北局的判断与中央决策不谋而合，为了保证第十世班禅额尔德尼·确吉坚赞回藏的安全，习仲勋专门派出汪锋、范明等前往塔尔寺与班禅行辕就回藏事宜进行认真细致的沟通。

5月23日，《中央人民政府和西藏地方政府关于和平解放西藏办法的协议》（《十七条协议》）正式签订。6月21日，第十世班禅额尔德尼·确吉坚赞返回青海途经西安时，他们第二次相见。24日，第十世班禅额尔德尼·确吉坚赞从塔尔寺致信习仲勋："今后敬以至诚，愿在毛主席和您的领导下，为建设繁荣幸福的新西藏而努力。"第十世班禅额尔德尼·确吉坚赞入藏的条件渐趋成熟。11月11日，中共中央致电西北局并转青海省委："对班禅入藏事宜，请你们负责检查督促，帮助其克服困难，不可疏忽"，并"请仲勋同志于班禅起程前代表毛主席和中央人民政府前去向班禅致欢送之意并向随同入藏的藏汉人员讲解政策"。

12月14日，习仲勋前往塔尔寺拜会第十世班禅额尔德尼·确吉坚赞。他诚恳地说："我此次来西宁，是代表中国共产党中央和毛主席欢送佛爷返回西藏的。"第十世班禅额尔德尼·确吉坚赞感激地答道："没有共产党，没有毛主席，我们是回不了西藏的。"

16日，习仲勋出席了在青海省政府礼堂隆重举行的欢送第十世班禅额尔德尼·确吉坚赞回藏大会。他在讲话中指出："我希望并且相信，班禅额尔德尼先生回藏后，一定能够在毛主席和中央人民政府领导下，同达赖喇嘛更加紧密团结，并在人民解放军协助下，忠实地执行和平解放西藏办法协议的全部规定，为根除帝国主义影响，为巩固祖国边防，为促进西藏政治、经济、文化各方面不断获得发展和进步，为建设一个辉煌灿烂的新西藏而奋斗！"

1951年12月，习仲勋代表党中央和毛泽东主席到青海西宁为即将返回西藏的第十世班禅额尔德尼·确吉坚赞送行

第十世班禅额尔德尼·确吉坚赞在答谢词中激动地说："我们只有跟着共产党和毛主席走，只有同祖国各兄弟民族紧密地团结起来，我们西藏民族才能得到彻底的解放，别的道路是没有的。"

17日中午，习仲勋又与第十世班禅额尔德尼·确吉坚赞及其随员谈心，嘱咐他回藏后要主动搞好同达赖和噶厦官员的团结，要估计到可能遇到的困难，要有克服困难的信心和勇气，但不能性急，执行协议也要一步一步地去做。

堪布会议厅官员提出需要一定数量的枪支和银元，并希望带一辆小轿车到日喀则供班禅使用。习仲勋当即表示："只要是佛爷需要的，我们千方百计，尽力满足。"并说："明日即可全部兑现。"他亲自批准将一辆小汽车大卸八块捆在牦牛背上带进西藏。

18日，习仲勋在青海省委小会议室以彻底实现和平解决西藏办法的协议为题，用一天时间，向行辕人员和入藏的汉族干部三百余人作报告。他明确指出："在西藏做工作，要采取'稳进慎重'方针，不能犯急性病。所谓'稳进'不是不进，而是多用思想，多考虑，应办不应办？办了以后，后果如何？这样做，办一步就有一步成绩，并且可以巩固起来。这是搞好西藏工作的方针。在西藏有些事情宁可迟办，不可急办，不怕慢，只要搞对，否则反而要走弯路。"

这一天，已于16日和中共西北西藏工委一同到达拉萨的班禅行辕工作队致电习仲勋:“我们深知这个胜利是你和光荣的党——共产党给予我们的，使我们真是感激不尽。”

19日，第十世班禅额尔德尼·确吉坚赞启程返藏，行前向习仲勋躬身拜别，献上洁白的哈达。习仲勋则紧紧握着第十世班禅额尔德尼·确吉坚赞的手，说道:“祝佛爷一路顺风!”

1952年4月28日，第十世班禅额尔德尼·确吉坚赞一行历经4个多月长途跋涉到达拉萨，并最终于6月30日返回了梦寐思归的扎什伦布寺。

习仲勋代表中央人民政府迎送十世班禅

此后，习仲勋与中共中央西北局受中央委托，一直负责同第十世班禅额尔德尼·确吉坚赞联系，彼此间亲如一家人。习仲勋到中央工作后，在20世纪50年代初到60年代初的10年间，第十世班禅额尔德尼·确吉坚赞每逢进京或离京返藏，习仲勋都会到机场或车站迎送。

1962年，第十世班禅额尔德尼·确吉坚赞因所谓“七万言书”受到批判，习仲勋和李维汉等人也受到了牵连。习仲勋更因“小说《刘志丹》事件”而受到审查。两人自1962年分别后，各自都遭遇了一段不堪回首的岁月，在时隔16年后才再次相见。当时，他们在人民大会堂举行的全国政协五届一次会议上久别重逢，两人紧紧拥抱，半天说不出话来。

习仲勋主政广东时，第十世班禅大师曾专程去看望。习仲勋重返中央工作后，从20世纪80年代初开始，每年春节

习仲勋与第十世班禅大师（右一）、阿沛·阿旺晋美（左一）在一起

或藏历新年，习仲勋全家必定有一天是与第十世班禅大师在一起度过的，而第十世班禅大师每年都要给习仲勋家里送去两只羊。据习仲勋回忆："出门要告别，回来要谈心，这是他长期同我交往的一个老习惯了。"而在第十世班禅大师眼里，习仲勋就是他最值得信赖的师长和朋友。

习仲勋与第十世班禅大师在20世纪80年代曾多次回忆起当年的"七万言书"事件。当时，习仲勋和李维汉受周恩来委托多次同第十世班禅大师研究他在"七万言书"中对西藏工作的批评和建议，认为大部分是好的，但也有一些是过头的。

1986 年 6 月 15 日，习仲勋与第十世班禅大师（右二）等在北京民族文化宫参观西藏唐卡展览

习仲勋充分肯定了他直言不讳的可贵精神，同时劝他不要说气话。第十世班禅大师当时就对习仲勋说："你讲的我接受，你从小看着我长大，从一开始就帮助我，你是代表党的，作为个人又是朋友。你是为我好，我感激，但有些不该说的气话已经说出去了，我今后注意就是了，但我说明，我是真心为党好的。"

历经磨难见真情。习仲勋与第十世班禅大师的友谊终生不渝。1989 年 1 月 28 日，第十世班禅大师在扎什伦布寺示寂。惊闻这一消息，习仲勋悲痛万分，手捧第十世班禅大师最后一次赠送给他的哈达，流下了热泪。习仲勋随后撰写了一篇怀念第十世班禅大师的文章，发表在《人民日报》上，字里行间，情真意切，读来让人动容。

二十二、毛泽东说:“你比诸葛亮还厉害”

解放之初，西北地区匪患严重，仅较大的股匪就有470余股，匪众13万人，裹挟群众9万人。到1953年上半年，西吉、阿木去乎、乌斯满等叛乱事件悉数被平息，匪患基本肃清，民族团结和睦。其中，收服青海昂拉部落千户项谦，堪称习仲勋领导剿匪反霸、解决民族问题的成功范例，受到毛泽东的高度赞扬。

1950年6月29日，习仲勋在西北局扩大会议的总结讲话中指出:“任何性质的土匪，包括特务领导的武装暴动在内，都要当作群众问题看待。只有这样才能增强处理问题的谨慎态度和策略思想，而防止发生错误。”他明确要求“对任何土匪事件都要先防御、后进攻，先分化、后打击，先争取、后进剿，以及在必要情况下实行剿抚结合的办法”。

昂拉部落生活在青海省贵德县尖扎滩地区（今尖扎县），距西宁约300里，时有7个喇嘛庙，8个庄子，1000余户，8000多人。项谦是昂拉部落第十二代千户，集神权、族权、政权于一身。刚解放时项谦归顺人民政府，被聘为青海省政协

美丽尖扎

委员。1950年初，在马步芳残匪和国民党特务挑唆下，又组织起"反共救国军"第2军，武装袭扰人民政府和群众，甚至袭击人民解放军。在政治争取下，1950年8月，项谦再次到西宁表示归顺，但回到昂拉后又背信弃义。项谦在叛乱中既有反动的一面，又有被教唆利用、可以争取的一面。第十世班禅额尔德尼·确吉坚赞和喜饶嘉措大师都曾写信和派人争取。

在第八次争取无果后，青海负责同志主张军事进剿。习仲勋于9月30日致电青海省委："我们对牧区藏族各部工作，应当说并非已经做好了，说我们已经站稳脚也似乎过早，不但川、康、甘、青边境藏区许多地方，就是青海各地藏民部落我们也还有不少未曾走进去，甚至未拉上手的。我们顾虑的就是对这些庞大藏区的影响问题。”他指出：“我们如果政治方面工作还未做得周到（当然还有军事上准备），军事进剿仍不妨甚至可以肯定应当推迟。项谦等即使嚣张一下，恰恰使他们更加孤立。”

青海方面仍然坚持军事进剿。习仲勋立即给省委书记张仲良打电话说：“决不能打，万万不可擅自兴兵，只有在政治瓦解无效以后，才能考虑军事进剿，必须请示中央批准后始可行动，要请喜饶嘉措大师去做工作。”

从 1949 年 12 月至 1952 年 4 月，项谦几度归顺，又几度反悔。在习仲勋指示下，藏传佛教大师喜饶嘉措、青海省委

昂拉千户府

统战部部长周仁山以及藏族部落头人、寺院活佛等50余人，先后深入昂拉地区，累计与项谦谈判达17次之多。

第十二代昂拉千户项谦

1952年春，项谦叛乱武装不断袭击人民解放军，一些藏族部落头人产生动摇，带着武装前往昂拉，事态日益严重，军事进剿时机成熟。4月9日，青海省委致电西北局请示军事围剿。

"能攻心则反侧自消，不审势即宽严皆误"，习仲勋反复权衡，有条件地同意了青海省委和青海省军区于4月下旬军事进剿的意见，并于22日和25日接连两次致电青海："在进剿中仍应力争项谦与其他特务土匪分化，只要项谦到时能转守中立，就力争他中立，这样更有利。目前继续积极经过多方面进行政治争取，仍很必要，不可放松。"这些指示，为最终争取项谦打下了思想基础。

战斗于5月2日清晨6时半打响，只用4个小时就将叛乱武装击溃，项谦带少数人逃入尖扎西南70里外的南乎加该密林中。青海省委按照习仲勋和西北局的指示，成立昂拉区安置委员会，召开群众大会宣传贯彻党的宽大政策，释放被俘武装首领。青海省人民政府向尖扎地区拨发救济款2亿元（旧币）、救济粮8万斤，抽调医疗、文教、贸易、民族等干部组成工作队，带着大量布匹、食盐、茶叶、药品、电影及藏文宣传品前往昂拉部落慰问，还为项谦卧病在床的母亲医治好了疾病。

被人民政府的诚意感动，项谦在1952年7月11日下午走出了南乎加该森林向人民政府投诚。7月16日，时在新疆的习仲勋接到青海方面的电报后，当即致电西北局和青海省委，指出："也许项谦顾虑很大，用回来试探我们，不管真诚与否，均应以诚相待，以恩感化，我想总会收到效果的。但必须知道项谦已成惊弓之鸟，稍一不慎，即有跑掉可能，不管他在什么

昂拉千户项谦的后人欢聚一堂

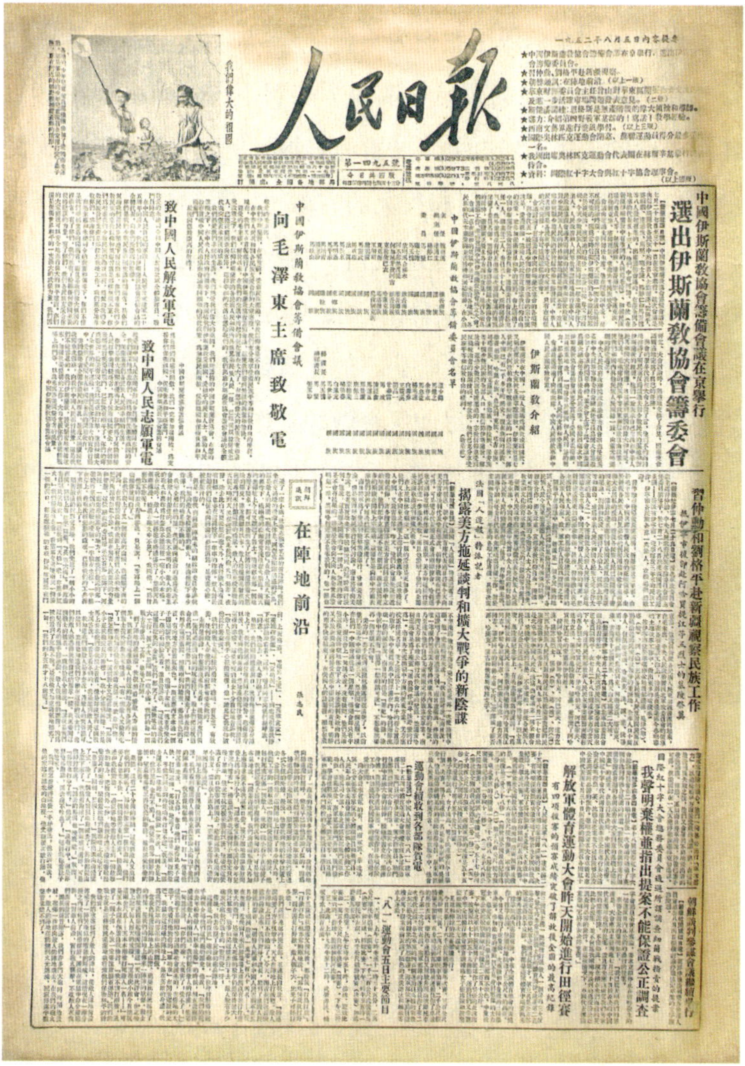

1952 年 8 月 5 日，《人民日报》报道习仲勋赴新疆视察民族工作

情况下采取何种形式逃跑，我都应提高警惕，准备再纵再擒，总要做到他完全信服了我们为止。”

在习仲勋主导的政治争取政策感召下，项谦终于在 1952 年夏天回归人民政府，并在《青海日报》上发表了《归向人民的感想》，在西北地区引起很大的震动。

8 月 11 日，习仲勋抵达兰州，高兴地接见并设宴款待了这位归顺人民政府的“末代千户”，勉励他在政府领导下，建设好尖扎地区。项谦献上哈达，他此后曾担任黄南州州长，一直牢记习仲勋的期望，尽职尽责做好工作。

争取项谦的工作进行了整整两年零七个月之久。在听取中央统战部部长李维汉详细汇报政治争取的经过后，毛泽东非常赞赏，说孔明有七擒七放，我们还多来了个十擒十放。后来见到习仲勋，他还不忘打趣说：“仲勋，你真厉害，诸葛亮七擒孟获，你比诸葛亮还厉害！”

毛泽东：你比诸葛亮还厉害啊

二十三、“有水平的中宣部长”

1952年8月，中共中央决定调各大区主要负责同志高岗、邓小平、饶漱石、邓子恢和习仲勋到中央工作，民间有人戏

担任中宣部部长和政务院文教委员会副主任时期的习仲勋

习仲勋在工作

称为“五马进京”。习仲勋时年 39 岁，比年龄最长的邓子恢小 17 岁，比年龄较轻的高岗小 8 岁。

8 月 7 日，中央人民政府委员会第 17 次会议任命习仲勋为政务院文教委员会副主任，兼文教委员会党组书记。9 月 22 日，习仲勋接替陆定一出任中宣部部长。11 月 16 日，习仲勋又兼任国家计划委员会委员。

习仲勋出任中宣部部长还有一段插曲。此前，中宣部的一些同志就听毛泽东说要给他们派一位有水平的部长来，过了些时日才知道原来这位有水平的部长指的就是习仲勋。

有水平的中宣部长

习仲勋对于担任中宣部部长颇有顾虑。陆定一在七大以前就担任中宣部部长，是党的“老宣传”。他非常尊重陆定一，让老部长改任副部长，当自己的副手，总觉得不那么妥当。此外，对于出任中宣部部长，习仲勋也缺少思想准备。在一次随同毛泽东坐火车视察居庸关铁路时，他向毛泽东表示了自己的不安。毛泽东则幽默地给他讲了耍蛇人的故事：蛇看起来很吓人，但是它在耍蛇人的手里就非常驯服。这是因为耍蛇人掌握了蛇的活动规律。你没有做过宣传工作，做上一段，掌握了宣传工作的规律，不就可以当了吗？而且还能够做得好。

陆定一和中宣部的其他领导同志对习仲勋来加强中宣部工作诚心实意地欢迎，在各项工作中配合都十分默契。

1952 年秋，毛泽东开始酝酿提出向社会主义过渡的思想。翌年 9 月，中央正式公布了党在过渡时期的总路线，即“在一个相当长的时期内，逐步实现国家的社会主义工业化，并逐步实现国家对农业、对手工业和对资本主义工商业的社会主义改造”。在习仲勋领导下，中宣部起草了《为动员一切力量把我国建设成为一个伟大的社会主义国家而斗争——关于党在过渡时期总路线的学习和宣传提纲》，得到中央肯定，毛泽东亲自修改后下发全国贯彻执行，从此实现了中国共产党的宣传工作由新民主主义纲领、方针、政策的宣传教育到过渡时期总路线的宣传教育这一重大的历史性的转变。

1954 年 5 月，中共中央召开了第二次全国宣传工作会议。会议认真总结了 1951 年第一次全国宣传工作会议后三年来的经验，确定了“以马克思列宁主义的社会主义思想来教育全党和人民群众，动员全党和全国人民为实现党的总路线，完成国家建设的第一个五年计划而斗争”的宣传工作的主要任务，并通过了《关于改进报纸工作的决议》、《关于加强党在农村中的宣传工作的指示》。

毛泽东在勉励习仲勋做好文教工作时，曾嘱咐他一定要管好用好第一个五年计划向文教投资的 20 亿石小米。

从 1953 年起，我国实行第一个五年计划，开始大规模经济建设。习仲勋作为文教委副主任兼文教委党组干事会书记，协助副总理兼文教委主任郭沫若领导文化部（部长沈雁冰）、教育部（部长马叙伦）、高教部（部长杨秀峰）、卫生部（部长李德全）、出版总署（署长胡愈之）和文字改革委员会（主任吴玉章）等工作。为适应大规模经济建设的需要，进一步理清文教工作的基本思路，习仲勋在调查研究的基础上，建议召开一次全国大区文教委主任会议，得到中央的支持。

会议于 1953 年 1 月 13 日至 21 日召开。习仲勋提出的“整顿巩固、重点发展、提高质量、稳步前进”的 16 字方针，得到中央肯定和与会同志的赞同，在实践中有力地指导了解放初

1953 年，习仲勋在中南海

1954 年 5 月，第二次全国宣传工作会议代表合影。前排左起：习仲勋、林伯渠、朱德、毛泽东、刘少奇、吴玉章、邓小平

期的文教工作。

随着建设热潮的掀起，盲目蛮干的官僚主义作风在文教战线表现突出。农村扫盲出现强行规定 40 人编一个班，以 250 个至 300 个学时为限突击完成，假编班、假毕业比比皆是。高等学校试图在四年内完成苏联五年制的课程，每周课时多达 70 个至 90 个，翻译跟不上，教授撑不住，学生受不了。

1953 年 3 月 2 日，习仲勋报告中共中央和毛泽东，提出

习仲勋

五点意见：第一，要把反官僚主义与各项实际工作相结合，采取“和风细雨”的方式，不能“暴风骤雨”；第二，正确认识官僚主义的实际，加以分析，对具体事、具体人，抓住关键问题，实事求是地加以解决，避免乱戴帽子、乱找茬子，或“眉毛胡子一把抓”；第三，重点放在党内，党外人士听其自愿，只学习文件，不去组织他们进行检讨；第四，一面反对官僚主义，一面提倡和推行钻研实际、联系群众的工作作风；第五，集中力量反对官僚主义，不能同时提出很多口号和很多要解决的问题。

毛泽东于3日即批示中共中央和中央军委各部门、中央人民政府各党组：“习仲勋同志这个报告很好。现发给你们，供你们在反对官僚主义斗争中作参考。”

3月13日，习仲勋应中宣部副部长、文化部副部长兼党组书记周扬之邀，在第一届电影艺术工作会议上作了长达两个多小时的报告。他认为对文艺工作的领导，不能用简单粗暴的办法，不能要求所有作品都符合一个标准，不能要求作家一气呵成，也不能像工厂加工订货那样，限期交货，并以柳青创作《创业史》和《铜墙铁壁》为例进行了说明。这个报告在文学艺术工作者中间引起强烈反响，对新中国的文艺创作产生了积极影响。

二十四、国务院的“大管家”

1953年9月，习仲勋接替李维汉担任政务院秘书长。1954年9月，政务院改为国务院，习仲勋继续担任秘书长。在

1953年9月18日，中央人民政府委员会第28次会议任命习仲勋为政务院秘书长。图为习仲勋在工作

1959年3月19日至25日，习仲勋随同中共中央副主席、中华人民共和国副主席朱德（前左二）率领中国党和政府代表团出访匈牙利

1959 年夏，习仲勋陪同周恩来（右三）在北京密云水库工地上

秘书长任上（1959 年 4 月，被任命为国务院副总理兼秘书长），习仲勋和周恩来总理共事近 10 年，是周恩来在那个时期最得力的助手之一，他也被称为国务院的“大管家”。开始，周恩来将习仲勋的办公室安排在中南海西花厅院子里。周恩来习惯夜间工作，常常忙到深夜，睡眠时间很宝贵。习仲勋分管的具体事务多，习惯早起，一会儿开会，一会儿来人请示汇报工作。为不影

响周恩来休息，习仲勋主动提出从西花厅搬到条件差一些的国务院机关，和几位副秘书长在同一座楼办公。

按照分工，习仲勋分管总理和副总理分工以外的其余 12 个国务院直属机构。1954 年 10 月 31 日，在第二次国务院全体会议上，周恩来提出大事要集中到国务院全体会议和常务会议，有些事情集中到他和陈云、陈毅、习仲勋处。翌年 5 月 10 日，周恩来召集国务院汇报会议，决定不归各办管辖的国务院各直属机构及其他例行工作，由习仲勋负责管理；凡带综合性的事务，则由习仲勋根据分工范围呈送周恩来或直接批送各主管部门解决。

秘书长处在国务院机关运转的中枢位置。他按照周恩来的要求和国务院机关的工作实际，制订了一系列规范国家机关活动的规章制度，确保机关有效运转。1954 年 11 月 16 日，习仲勋主持召开国务院第一次秘书长会议，通过国务院机关办公制度，确定每周五召开秘书长办公会议；设立机要办公室，负责总理、副总理、秘书长电报文件收发、分办、传阅、立卷及打印事宜等。

从 1954 年到 1956 年初，习仲勋先后主持召开 35 次秘书长会议，对国务院秘书厅、机关事务管理局、外国专家局、法制局、档案局、广播局、人事局、宗教事务局、计量局、测绘局、参事室、文史馆、机要交通局、对外文化联络局、文字改革委员会办公室、编制工资委员会办公室、出国工人管理局等十多个单位的职能范围、机构编制、干部配备、工作计划、检查与总结等作出了切实可行的规定，建立健全了各项规章制度，从而使国务院机关日常工作得以严谨高效、规范有序地运转。

为迎接新中国成立十周年，国家计划在首都建设十大建筑。1958 年，有关部门将兴建国务院办公大楼的方案也列在其中，选址在府右街一带。周恩来看到后征求习仲勋的意见。习仲勋建议说：“人民大会堂是人民代表开会讨论国家大事的

1959 年 8 月 27 日至 9 月 11 日，国务院副总理习仲勋率中国政府代表团出访苏联和捷克斯洛伐克。图为习仲勋一行在基辅机场

1960年6月，习仲勋带领中央国家机关干部到北京郊区红星人民公社和社员一起收割小麦

地方，需要建设。中南海这个地方，过去袁世凯、段祺瑞他们都办过公，我们拾掇一下就可以办公了，可以不盖国务院办公大楼，而且建办公大楼还要拆迁那么多民房。”周恩来说：“你的意见很好，和我想法一样。”周恩来后来表示说，在他的任期内绝不盖国务院办公大楼。

习仲勋：不同意建国务院办公大楼

那一时期，习仲勋的工作非常繁忙，从会议活动安排、出访代表团成员名单审查，到部门体制的设置、国民经济计划的制定、重要的外事活动等都离不开他的领导和参与，而关心机关工作人员的生活也是他的分内之事。三年困难时期，他指示机关事务管理局在北京郊区选定荒地，分成块块，作为各部委的生产农场。各部委机关开荒种地，喂猪养羊，改善了机关生活，受到干部职工的交口称赞。自办农场的方法迅速在中央各部委及各省市机关推广。后来，当他发现这一做法在有些地方发展到与农民争地损害了农民利益时，又向中央提出建议，中止了这项临时性措施。

二十五、周总理的“内交部长”

协助周恩来总理工作近10年间，习仲勋把很大一部分精力投入在统战工作上。习仲勋初到政务院，周恩来总理就有意让他兼任外交部长，没想到习仲勋坚决不接受，他甚至半开玩笑半认真地说：“你就是开除我党籍我也不干。”他诚恳地对周恩来说：“外交部长我不当，但我可以给你当好‘内交部长’，协助你做好统战工作。”周恩来深知习仲勋在统一战线工作方面有丰富经验，尤其对民族、宗教工作有很深刻的见解，遂嘱托他经常和民主人士联系，多做工作。

早在抗战时期，习仲勋就在绥德留下了一段餐桌边妙解统战的趣谈。有一天，在和几位做统战工作的干部一起吃饭时，他借《三国演义》的故事谈起了统战的道理。他说诸葛亮明知关羽会放掉曹操还派他去断华容道其实是个统战问题，因为杀了曹操，东吴就会把实力弱小的蜀国吃掉。他还说刘备失败是因为搞宗派主义，只相信结拜兄弟，最后落得个蜀中无大将，廖化作先锋。

习仲勋是党内较早研究民族问题和宗教问题的领导人之

一，早在西北解放前夕，就开始研究民族地区的组织建设和政权建设问题。

经略西北，习仲勋最大的贡献之一，就是妥善地处理了各种错综复杂的民族问题，实现了千百年来从未实现过的民族大团结。

在甘肃、青海、新疆交界的阿尔金山脚下，生活着哈萨克族、藏族、蒙古族等多个少数民族。由于历史的原因，长

1958年9月，习仲勋与邓宝珊（后排右二）、余心清（后排右一）在甘肃省阿克塞哈萨克族自治县和当地干部群众在一起。后排左三为阿克塞哈萨克族自治县县长沙海都拉

期以来为争夺草场发生过许多大规模的冲突，甚至引发过战争。根据调查研究了解到的情况，习仲勋提议甘肃省按照民族和人口分布状况，在阿克塞设立一个哈萨克民族自治县，以很好地解决长期以来的民族纷争，使哈萨克族群众在这片美丽的土地上安居乐业。1954 年，甘肃成立了唯一一个以哈萨克族为主体民族的少数民族自治县。1958 年去西北考察时，习仲勋特意从兰州出发，来到了遥远的阿克塞，看望和慰问

1960 年 1 月，习仲勋和陈毅（左五）、李维汉（右三）、汪锋（左一）、第十世班禅额尔德尼·确吉坚赞（右五）等在宴会上

哈萨克同胞，时任县长沙海都拉感动得热泪盈眶。

20 世纪 50 年代，习仲勋参与了新疆等几个民族自治区设立方案的研究工作。1953 年，中央委托邓小平、李维汉、乌兰夫、习仲勋、包尔汉、赛福鼎等人研究在新疆设立自治区的方案。新疆占全国陆地面积的六分之一，究竟是设立一个自治区还是两个、三个？关于地域、名称等问题分歧严重。毛泽东特意点名习仲勋，要他对西北民族区域自治问题发表意见。在他和参与这项工作的几位领导人共同努力下，终于达成一致意见。新疆维吾尔自治区于 1955 年顺利成立。

1958 年成立的宁夏回族自治区，中央指定由陈毅、李维汉、乌兰夫、习仲勋一起研究制定实施方案。经过认真细致的工作，宁夏回族自治区的行政区划最终确定了下来。

作为周恩来总理的“内交部长”，习仲勋参加了许多统战政策的研究和重要问题的解决。习仲勋善于团结党外人士一起工作，真正做到了与他们“肝胆相照，荣辱与共”。

习仲勋和张治中是“党与非党人士交往的典范”。习仲勋对张治中敬重有加，在西北军政委员会共事时，工作中处处征询他的意见，不但使他在分管的领域有职有权、切实负责，而且每次一起去中央人民政府开会回西北，都由张治中来传达中央重要的决定或精神。张治中每次离开或回到西安，习仲勋都亲自到机场或火车站接送。当时，张治中在作报告或发表文章中提及蒋介石，言必称先生。一次《群众日报》负责同志拿着报纸清样来请示习仲勋如何修改，他明确指示：尊重张治中先生的意思，一个字都不要改。到北京工作后，张治中对党和政府有什么建议，也总是找习仲勋谈。

傅作义和习仲勋彼此敬重，往来十分密切。每年初夏，傅作义家的桃子熟了，总要摘下一筐给习仲勋家送过来。到了周末，习仲勋常带孩子去傅作义家串门，习仲勋的女儿齐桥桥至今仍记得在傅作义家做客度过的那些快乐时光。1957 年，傅

1952 年春，习仲勋与张治中（右三）、张治中夫人洪希厚（右一）、贾拓夫（左二）、杨明轩（左一）、张稼夫（左五）、王亦侠（左三）等在陕西临潼秦始皇陵，怀中小女孩为齐桥桥

1987年7月29日至8月5日，乌兰夫和习仲勋率中央代表团参加内蒙古自治区成立四十周年庆祝活动。图为乌兰夫与习仲勋在庆祝大会上

作义心脏病突发住院，习仲勋多次前去探望，要他一定保持心情平静，以治病为主，水利部的工作可以暂时放一下。每逢遇到水利部的同志到国务院汇报工作，习仲勋都要关切地询问傅作义的健康情况。1962年初，习仲勋在报告周恩来后，专门安排傅作义和家人到广东从化休养。

邓宝珊将军是中国共产党人的忠实朋友。他和习仲勋结识于抗战期间的绥德，两人推心置腹，坦诚相待。1956年在中南海丰泽园，邓宝珊向毛泽东评价习仲勋时说道，这个同志气度大，能团结人，可以挑重担。毛泽东非常赞同地说：你的看法很准，这个同志最大的特点是能团结各方面人士，胸怀博大，能负重任。

多年以后，在习仲勋因所谓“小说《刘志丹》事件”被隔离审查期间，邓宝珊和张治中都曾在毛泽东面前仗义执言，为习仲勋说话。

习仲勋与乌兰夫相识于延安。习仲勋十分钦佩乌兰夫为建立内蒙古自治区所作的突出贡献。1961 年春节前夕，乌兰夫特意邀请习仲勋夫妇到呼和浩特欢度春节。在 20 世纪 80 年代初期，两人又都曾主管统一战线工作和民族工作。

1987 年七八月间，由乌兰夫和习仲勋分别担任正、副团长，率领中央代表团参加了庆祝内蒙古自治区成立四十周年庆典的一系列活动。最早在酝酿代表团团长人选时，中央决定由习仲勋任团长，但习仲勋向中央提议，还是由乌兰夫同志担任团长。

新疆和平起义时担任迪化（今乌鲁木齐）市长的屈武先生和习仲勋都是陕西人，两人见面常用陕西话互相打趣，他们的友谊伴随一生。有次见面，屈武端直来了一句：“贵府真是侯门深似海呀！”原来屈武有事去找习仲勋，在家门口竟然被新来的战士给挡了驾。习仲勋赶紧赔礼道歉。多年后，习仲勋以“霜叶红于二月花”为题给《屈武文选》作序，盛赞这位革命老人的一片爱国赤诚。

身着蒙古长袍的习仲勋

1959年，习仲勋与汪锋（右四）、王炳南（右一）、屈武（右五）、余心清（左四）等在一起

余心清是著名爱国将领冯玉祥的幕僚和老部下，曾任政务院典礼局局长、国务院副秘书长，参与了开国大典等许多重要活动的礼仪设计与安排，与习仲勋共事多年。反右运动中，余心清在周恩来和习仲勋的保护下，虽然没有被划为右派，但心情非常郁结。1958年秋，习仲勋到西北考察时，有意让同样是民主人士的邓宝珊陪同余心清一路交谈，就是希望他能放下包袱。“文革”中余心清不堪受辱而自杀。习仲勋痛惜不已地说：

“余心老是一位跟着党走的高级知识分子，刚直不阿，为人正派。‘士可杀不可辱’，他哪能受得了那种侮辱呢？我那时要是在北京，开导开导他，兴许他就不会走这条路了。”

著名社会活动家、教育家张奚若和习仲勋既有同乡之谊，又是无话不谈的朋友。1957 年，以能言敢言著称的张奚若直言不讳地批评毛泽东“好大喜功、急功近利、鄙视过去、迷信将来”。在反右时许多人都为他捏了一把汗，他竟然奇迹般地没有被划成右派，保他过关的就是周恩来、习仲勋。习仲勋曾感慨地回忆：“我到他那儿去，他总要搞点家乡饭请我吃”，“北京拆除牌楼，拆除城墙，张奚老想不通，周总理让我做他的工

1962 年 2 月 18 日，习仲勋与中国佛教协会会长喜饶嘉措（右二）、副会长赵朴初（右一）亲切交谈

作，我也只好说，咱把西安古城墙保下来就对咧”。

著名的民主人士陈叔通比习仲勋大37岁，为了反映意见、交流思想，他往往直接找到习仲勋家里。习仲勋感动地说，陈叔老，您有什么事，我到您那里去，千万不要劳动您的大驾到我这儿来。但陈叔通有问题和意见仍然坚持亲自登门造访，“还是经常来”。

藏传佛教高僧大德、藏学大师喜饶嘉措和习仲勋也是忘年交。喜饶嘉措一生佩服的人不多，而习仲勋却是他很佩服的一位领导人。在说服项谦的过程中，习仲勋就曾先后四次委托他前往昂拉部落劝抚。喜饶嘉措遇到困难和问题，也是直接找习仲勋商量。习仲勋总是耐心地听取他的看法，帮助他解决具体困难，并称赞他是“中国共产党的一位可敬佩的诤友”。

黄正清是五世嘉木样活佛的哥哥，曾任甘南夏河地区的藏军司令，抗战期间被国民党任命为“少将保安司令”，后又当选为国民党中央候补委员。1949年，兰州解放前夕，黄正清率部起义，在兰州与习仲勋一见如故，视习仲勋为“藏胞心目中的亲人”。习仲勋对黄正清相知甚深，信任无疑。1953年春，台湾当局给黄正清空投下中将委任状，策动他参与马步芳残部马良在临夏的武装叛乱。习仲勋依然对黄正清信任有加，任命他为剿匪总指挥部副司令。黄正清离开西安赶往前线时，习仲勋将贺龙赠送的一把珍贵的小手枪转送给黄正清，对他说：“我们共事几年了，都十分了解你，也相信你。今后有事

1997 年 1 月 25 日，习仲勋与黄正清（左）在深圳迎宾馆兰园碰顶致意

可随时打招呼。不管外面有人说什么，你都不要顾虑。”黄正清不负习仲勋的期望，协同并指挥甘肃省军区部队，很快平息了叛乱。黄正清 1950 年出任甘南藏族自治州州长，1955 年被授予少将军衔，为甘南地区的民族团结与甘肃省的社会主义建设作出了很大的贡献。他们的友谊历久弥珍，“霜重色愈浓”。

1958 年 11 月，习仲勋和梅兰芳、田汉、尚小云（前排右起）及陕西戏曲研究院的青年演员合影

晚年的黄正清自知来日无多，专程到深圳看望习仲勋，将此视为“一生的大愿望”。

习仲勋重视文艺工作，是许多文艺工作者的知心朋友。著名京剧表演艺术家梅兰芳、尚小云、程砚秋、荀慧生，越剧表演艺术家袁雪芬，豫剧表演艺术家常香玉，粤剧表演艺术家红线女，秦腔表演艺术家王天民，歌唱家郭兰英、王昆、王玉珍以及戏剧家曹禺、欧阳山尊等都与习仲勋结下了深厚的友谊。

1956 年初夏，梅兰芳先生接到日本有关方面的演出邀请，因在抗战期间曾蓄须明志，拒绝为日本人演出，所以对出访日本颇为顾虑。习仲勋受周恩来总理委托做梅兰芳先生的工作，鼓励他用京剧艺术在两国人民间架起友谊的桥梁，并帮助他组

1960 年春，习仲勋（二排右二）与夫人齐心（前排右三）和杨明轩（前排右五）、赵寿山（前排右二）、黄正清（前排右一）、余心清（二排右三）、赵伯平（二排右四）、潘自力（二排右一）、王炳南（二排右五）、沈雁冰（三排右一）、周而复（三排右二）、曹禺（三排右三）、屈武（三排右四）等在颐和园

建了艺术水准很高的访日京剧代表团。

“文革”后，梅家人曾向有关部门索要当年被拉走的一些字画文物，多方奔走没有结果，200 多封申诉信也都石沉大海。后来在习仲勋的建议下成立了梅兰芳纪念馆，将梅兰芳生前的许多文物字画收藏在纪念馆中。1986 年 10 月 27 日，习仲勋亲自为梅兰芳纪念馆揭幕。

尚小云是京剧四大名旦之一，以仗义疏财和毁家办学而著称。1959 年，在习仲勋的建议和邀请下，尚小云举家迁往

习仲勋在观看儿童游戏

1962年3月8日，习仲勋在首都各界纪念国际劳动妇女节举行的宴会上向海外来宾敬酒。左一为全国妇联主席蔡畅

陕西，在文艺界轰动一时。尚小云先后担任陕西省戏曲学校艺术总指导和陕西省京剧院首任院长，对陕西戏剧事业的发展作出了重大贡献。他将自己珍藏多年的66件字画、玉器无条件捐献给陕西省博物馆，以实际行动支援西部文化建设。习仲勋还指示陕西方面为他拍摄了一部戏曲艺术片。遗憾的是，习仲勋没有来得及与尚小云先生一起观看这部艺术片，就因“小说《刘志丹》事件”在人们的视线中消失了。而在16年之后，习仲勋复出，尚小云先生却已不幸逝世，这部艺术片成了一代名伶的绝响。

2006年，齐心在家中会见梅兰芳之子梅葆玖及梅兰芳次子梅绍武夫人屠珍

抗美援朝之初，习仲勋积极支持常香玉“捐献一架飞机”的想法。常香玉写信给习仲勋汇报说：“这些光荣，都是党和你教育和帮助我的结果，当此国庆节的前夕，我特向你致诚恳的感谢，并向你保证我们一定加倍努力，完成我们光荣的捐献任务。”常香玉每次进京，习仲勋和夫人齐心都要请她到家里吃饭，还专门做她爱吃的菠菜汤和大米粥。

有时，习仲勋自己忙不过来，就常常让夫人齐心代表他去关心和探望一些民主人士和老艺术家。据齐心同志回忆：“当他们的家人需要帮助的时候，仲勋同志如果不能出面，就让我去帮忙。比如荀慧生的夫人生病，仲勋同志就是让我代表他去探望的。”

习仲勋的女儿齐桥桥还记得小时候看见爸爸每天忙个不停，和许多人谈话。她好奇地问爸爸，干革命是不是就是和人家说话呀？习仲勋对女儿说：“革命就是做团结人的工作。”

二十六、宣读授衔命令

1955 年 9 月 27 日下午，在中南海怀仁堂和国务院礼堂分别举行中国人民解放军军官授衔授勋典礼。

习仲勋宣读授予中国人民解放军军官将官军衔命令

14 时 30 分，授衔典礼开始。国务院秘书长习仲勋宣读了中华人民共和国国务院总理授予中国人民解放军军官将官军衔的命令。周恩来总理分别把授予大将、上将、中将、少将军衔的命令状，一一授予在京将官们。

授予元帅军衔及授勋典礼随后在怀仁堂举行。毛泽东亲自把授衔命令和三枚一级勋章，授予了朱德、彭德怀等参加授衔仪式的元帅。

习仲勋代表国务院宣读解放军将官授衔命令

由习仲勋代表中华人民共和国国务院宣读将官授衔命令，这不单单是他担任国务院秘书长的职务使然，更因为他和人民军队有着深厚的历史渊源。他 17 岁就投身兵运工作，19 岁领导发动了两当兵变，参与了西北红军的创建，是陕甘边区革命根据地的主要创建者和领导者之一。

在创建陕甘边区革命根据地的历史进程中，习仲勋亲自领导创建了陕甘边游击队第一、三、五、七、九、十一等支队，安塞、合水、保安、中宜、平子等游击队，身经大小数十仗，数次身负重伤。他力主恢复的红军主力即陕甘边区红军临时总指挥部以及在此基础上重建的红 26 军，正是中国人民解放军步兵 11 师前身的一部分。

习仲勋在土地革命战争时期历任渭北游击队第二支队指导员和第一支队政委、中共陕甘边区特委军委书记、陕甘边区游击队总指挥部政委、第二路游击队总指挥部队委书记，抗战时期历任关中保安司令部政委、绥德警备司令部政委、爷台山反击战临时指挥部政委、陕甘宁晋绥联防军代政委，解放战争时期历任西北野战军副政委及第一野战军副政委、陕甘宁晋绥联防军政委及联防军区政委、第一野战军暨西北军区政委，在丰富的军事斗争实践中一步步成长为我军卓越的思想政治领导者和优秀的指挥员。他在陕甘游击队的创建和整顿，在西北红军主力的恢复和重建，在反摩擦斗争中，在转战陕北，在解放大西北的伟大历史进程中均发挥了关键性的历史作用。

1980 年，习仲勋与部队官兵亲切交谈。左四为广州军区司令员吴克华

1983年12月，习仲勋接见全国警卫工作会议代表

在解放战争时期，习仲勋先后和张宗逊、王世泰、彭德怀、贺龙等人一起指挥千军万马，转战陕北，保卫毛主席、保卫党中央，收复延安，解放西安、兰州，进军新疆，创造了以少胜多、以弱胜强的辉煌战绩。

新中国成立后，在我军第一次评授军衔工作中，习仲勋和邓小平、邓子恢、张鼎丞、谭震林等一批在革命战争中功勋卓著的领导人此时因不再担任军队职务，也都没有参加评授军衔。但历史给了习仲勋这项殊荣，代表中华人民共和国国务院，宣读授予中国人民解放军将官军衔的命令。

2013 年 10 月，习仲勋诞辰 100 周年之际，播出了一部反映他波澜壮阔革命生涯的文献纪录片。人们惊讶地看见了一段从未见过的彩色历史影像，那是该片总编导夏蒙从尘封了 58 年的中央新影资料素材中抢救出来的珍贵画面，让人们得以在半个多世纪后，目睹了习仲勋当年的风采，见证了这个将星闪耀的庄严时刻。

二十七、建立国务院信访制度

习仲勋始终保持劳动人民的本色，十分重视人民群众来信来访工作，认为这是党和政府倾听群众呼声、密切联系群众的重要渠道。

1954年，在周恩来总理领导下，由习仲勋具体负责，成立了国务院信访室，专门负责处理人民群众来信来访。由此，信访工作开始步入正轨，进而建立了国务院信访制度。

曾任国务院信访室主任的马永顺回忆："习仲勋非常重视广大人民群众通过信访反映的问题。我们送给他的重要来信《摘报》、来访《接见报告》和综合报告等，他都批给有关部门或有关省市处理，或者指示我们具体处理。他从不把群众的问题当'小事'，或者置之不理。"

习仲勋不管工作再忙，都要抽出一定时间亲自处理重要的来信来访，为接访工作做出表率。1954年12月30日，习仲勋根据西北地区群众来信来访反映农村工作中的一些问题，向毛泽东、周恩来写了专题报告。起草报告时，

习仲勋重视信访工作

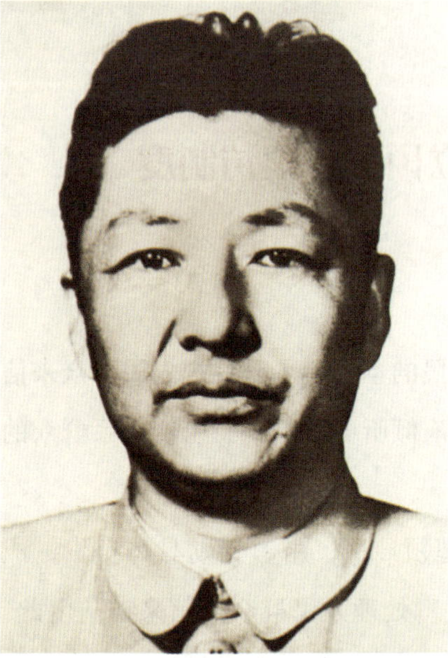

担任国务院副总理兼秘书长时期的习仲勋

他要求秘书把群众反映的真实事例和真实语言写进去。当报告送到手中时，他不觉皱起了眉头，问：为什么没有把群众对食油供应紧张不满的实例反映出来。秘书为难地说，事例中有些话说得比较粗俗，是否可以不一一列举？他坚持“要把真实情况报告毛主席”。原来，一件是农民讲了一句顺口溜：“食油四两，想起老蒋”；一件是农民赶着木轱辘大车跑运输，车轴因没有油润滑而吱吱吱响个不停，气得赶车的人大声叫骂说：“我都没油吃，你还想吃油哩！”说完就朝车轱辘撒了一泡尿。这份报告引起了中央的高度重视，毛泽东、周恩来亲自向有关部门批转了这份报告。

习仲勋的感情始终和老百姓息息相通。群众来信反映因没钱完成储蓄任务，跪在干部面前苦苦哀求，甚至因无力购买国债而投井自杀的情况。他看后拍案而起，气愤地说：“我们共产党的干部如果站到了群众的对立面，小心群众用扁担抽你！”

1957年5月31日，在习仲勋建议下，召开了第一次全国信访工作会议。会议由中共中央办公厅和国务院秘书厅联合召开。习仲勋严肃批评了从中央机关到地方，一些干部对信访工作不重视，官僚主义作风严重，以及对来信来访照抄照转、错抄错办、草率推诿的现象，认为主要原因是干部的思想意识发生了变化，和群众离得远了，群众观点减弱了，对群众生活疾苦的关怀淡漠了。他举例说，国家测绘局在西安要盖房子，用推土机一下子推了58亩快要成熟的麦子。即使是花钱买地，但这种做法，老百姓就很有意见，甚至骂“共产党是什么党”！他认为，信访工作反映的主要是人民内部矛盾，处理来信来访“不是小事，是大事，不是一般工作，

20世纪50年代，习仲勋在中南海

1958 年，习仲勋在国务院召开的会议上讲话

是个重要的政治任务”。

就做好信访工作，他提出了六条要求：

一是各省、市、自治区党政领导，必须各有一位分管信访工作；二是处理问题要争取主动，摆脱被动；三是实行专职机构和大家动手相结合的办法，要求机关干部中的一些负责人利用业余时间参与其事；四是按信访反映的问题的性质，分别交由中央或地方各级机关负责处理，避免照抄照转；五是清理积

案，抽调部分干部，突击清理尚未转出去的积案和已转出去后尚未结案的积案；六是按干部管理权限处理所涉及的干部。

这六条意见，成为国务院信访制度的基本准则，有力地促进了信访工作的制度化和规范化建设，直到今天仍具有现实意义。

二十八、“大跃进”热潮中的清醒者

1958 年 5 月，中共八大二次会议通过了“鼓足干劲，力争上游，多快好省地建设社会主义”的总路线。“大跃进”运动随之迅速掀起高潮，高指标、瞎指挥、浮夸风、共产风盛行

1958 年 4 月，习仲勋和彭德怀（左一）在郑州郊区视察

起来。

此前的4月下旬，习仲勋和彭德怀一起陪同周恩来到河南调研工农业生产的真实情况。在“大跃进”运动的高潮中，受周恩来委托，习仲勋又先后两次带队深入基层调研，及时向党中央和国务院反映真实情况和存在问题，为中央纠“左”和制订措施克服困难提供了重要依据。

第一次是在1958年九十月间，习仲勋带领调查组到西北

1958年9月5日，习仲勋在陕西蒲城县向国务院机关下放干部和学生讲话

1958年9月6日至7日，习仲勋回到家乡富平县，7日清晨和县级机关干部合影

五省（区）考察调研。一方面他看到了群众改变贫穷落后面貌的热情，另一方面也发现了“大跃进”运动存在的严重问题。在陕西礼泉县，整片地里布满了小土堆。他问：“这是干什么？”回答说这是北京科学家的“发明”，是新的农作物栽培方法，通过增大太阳照射面积来提高产量。他蹲在地上，用手扒开土堆，见禾苗的根系异常纤弱，皱着眉头问：“有了阳光，但土壤和肥料有限，咋能增产？”

习仲勋对甘肃在“大跃进”中上马的“引洮上山”工程很是忧虑。工程计划把洮河水从陇南的岷县引到陇东的庆阳，全

1958 年 9 月 7 日，习仲勋回到家乡富平县淡村乡

长 1000 多公里。当时，甘肃的主要领导提出要把旱地变成水浇地，要用落差发电，还要建成世界第一的山上运河，在山上跑船。他看到数万农民抡起镢头挖山，推着独轮车运送石料，唯一的先进工具就是架设铁索轱辘，白天热火朝天，晚上灯火通明，但效率却十分低下。他了解到大批劳力集中在工地，农

1958 年 9 月，习仲勋和甘肃省省长邓宝珊（右一）、国务院副秘书长余心清（右三）在敦煌莫高窟

业生产已经受到严重影响，丰年不丰收，更让他倍感忧虑的是甘肃还虚报增产粮食 30 亿斤。他对省委主要负责同志当面直言："这样搞不行，将来老百姓是要吃亏的！"

在甘肃敦煌县，他对该县推行的"衣食住行、生老病死、入托上学"10 项全包的全供给制明确表示怀疑，但省委主要

1958 年 10 月，习仲勋在宁夏回族自治区视察

负责同志固执己见，他们之间还为此发生了一段很不愉快的争论。在青海、宁夏，习仲勋也发现了类似的问题。

习仲勋和老朋友、甘肃省省长邓宝珊进行了深入交谈。邓宝珊反映了许多问题，包括农民外出讨饭已有了苗头，表示对盲目上马的“引洮上山”极为忧虑。习仲勋看着相知甚深的邓宝珊，鼓励他说：“你是通天的，你也可以直接去找主席啊！”

1958 年 10 月，习仲勋在宁夏石嘴山视察时与煤矿工人在一起

西北之行，让习仲勋对“大跃进”的许多做法深感忧虑。回到北京后，11 月 6 日，他向周恩来总理和中共中央作了报告：“目前，各级党委主要力量，大多忙于炼钢炼铁，如何制定新的生产规划，如何确保明年农业生产比今年翻一番，都还是一个问题。在这个问题上，要和时间赛跑，如果抓迟了，将会使明年的农业生产受到影响。”谈到“大炼钢铁”时，他说：“在大炼钢铁运动开展到一定的时候，钢铁工业劳动大军，应该逐步专业化。一个省或者一个专

习仲勋实事求是地反映“大跃进”存在的问题

区，应该选择有矿、有煤、有水等条件好的地方，逐步建钢铁基地、工业基地，使小土炉逐步发展成为小洋炉，以钢为纲带动其他工业的发展。这就可以减少劳动力的浪费，又可以提高技术，提高质量，提高劳动效率，并且为大工业培养后备军。”

1958 年 11 月至 12 月，习仲勋在武昌参加了中央政治局扩大会议和八届六中全会。在讨论《关于人民公社若干问题的决议》时，根据西北考察情况，他发言说：“人民公社所谓‘一大二公’，最大最公，也不能大到一县一社，也不能大到全包全供，也不能说由集体所有制变成了全民所有制，更不能说从

1959 年 5 月，习仲勋与河南安阳市委机关干部合影

1959 年 5 月，习仲勋视察河南焦作的钢铁生产

社会主义跳到了共产主义；最大最公，也不能用按需分配代替按劳分配。”

事实验证了他的担心。第二年春青黄不接，甘肃等省份发生了粮荒，出现了饿死人的事。按照周恩来指示，习仲勋立即召集粮食部、内务部、铁道部、交通部负责同志开会，紧急从陕西、宁夏、四川分几路调粮支援。

1959 年 4 月中下旬，习仲勋请示周恩来后，以国务院的名义召集灾情严重的 11 个省政府负责同志来京开会。据马永顺回忆:“开会的时候，各省都汇报，汇报当中意见不一致，大多数省都认为我们确实存在这些问题，浮肿啊、死人啊……汇报了整整一天。散会的时候，习仲勋说你们马上把简报写出来，今天晚上连夜写出来。完了以后他就交给总理，总理也很快批了。我们这个报告总理已经给毛主席看过了，派飞机送到这几个省。从这以后总理让我们每十天写一个报告，习仲勋也指示我们必须要经常反映，而且还经常要总结，抓得很紧呐！当时我们的感觉，这几个领导要稍微松一点，饿死人还会更多。”

1959 年 5 月，习仲勋在河南安阳考察

1960 年 5 月 4 日，习仲勋在沈阳主持中捷友谊厂命名典礼

该月，在第二届全国人民代表大会第一次会议上，习仲勋被任命为国务院副总理兼秘书长。

一个月后，面对日益显现的严重问题，习仲勋带领调查组赶赴豫陕两省。5 月下旬，在河南着重了解生铁的数量和质量问题。6 月初，由河南到陕西，检查了周至、户县、铜川、临潼、渭南等县的工作，详细了解农村情况，同陕西省委领导同志座谈两次，给局级以上干部作报告一次，并召开了民主人士座谈会。这是他第二次就“大跃进”进行专题调研。

回京后，习仲勋迅速安排秘书厅将调查结果结合群众来信来访进行汇总整理，发现问题主要集中在几个方面：办人民公社的条件不成熟，发展太急太猛；吃饭不要钱不符合按劳分配原则；“全民炼钢”的口号不对，要算政治账，也应算经济账；“五个并举”成了“百废俱兴”；“两条腿走路”成了“多条腿走路”。

1961 年 4 月至 5 月，习仲勋带领中央调查组到河南长葛县进行调查。图为习仲勋与长葛县机关干部合影

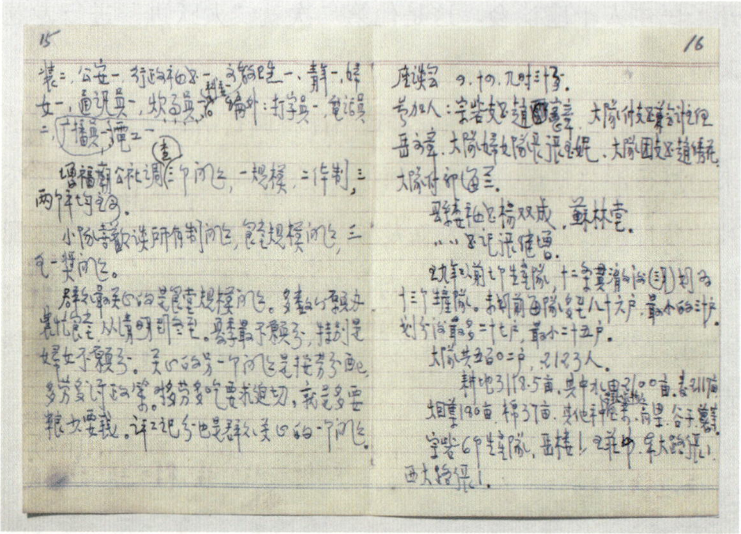

习仲勋长葛调查笔记节选

7月2日至8月16日，在江西庐山接连召开了中央政治局扩大会议和八届八中全会，史称庐山会议。习仲勋安排秘书厅整理的材料呈送周恩来并转报毛泽东后，作为大会简报印发。他没有想到的是，原本是统一全党认识以纠“左”的“神仙会”，竟因彭德怀给毛泽东的一封信而风向逆转，会议后期开始集中批判“以彭德怀为首的反党集团”。习仲勋感到心情十分沉重。

在“大跃进”热潮中，习仲勋始终牵挂老百姓的真实生活。就在这年6月，甘肃群众不断来信反映缺粮严重。26日，马永顺将一封群众来信和寄来的一包“食物”送到习仲勋面前。

他看了信，又左看右看寄来的东西，用力掰了一点，放进嘴里尝了尝，极为痛心地说：“这哪里是人吃的?!”第二天一大早，他就安排两名干部去甘肃实地调查处理。

为贯彻《农业六十条》，纠正“大跃进”导致的浮夸风，1961 年 4 月上旬，习仲勋按中央的统一部署，率队深入河南长葛县开展调查。他于 4 月 23 日、5 月 9 日两次向中共中央总书记邓小平和中共中央作详细书面报告。他特别说明：“从当前情况看，食堂不宜再办，还是把粮食分到户，是争取更快地扭转农村困难局面的一个有效措施。”

长葛曾因深翻地而受到毛泽东表扬，“浮夸风”成为一景，

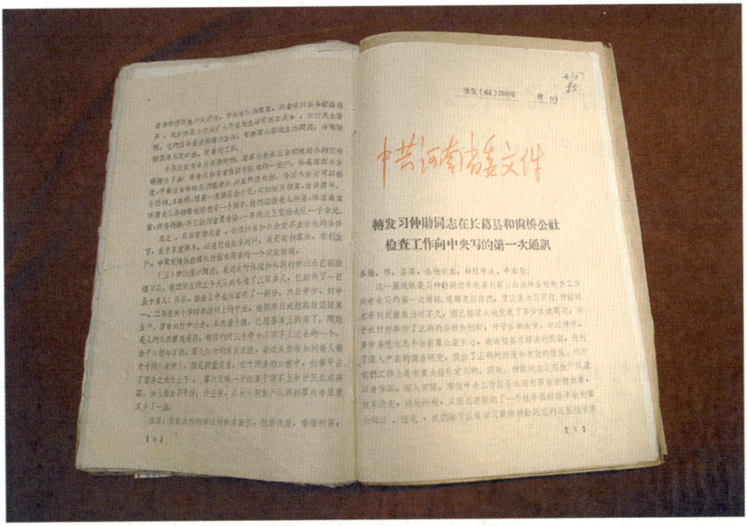

1961 年 4 月 25 日，中共河南省委以文件形式转发习仲勋在长葛县和尚桥公社的调查报告

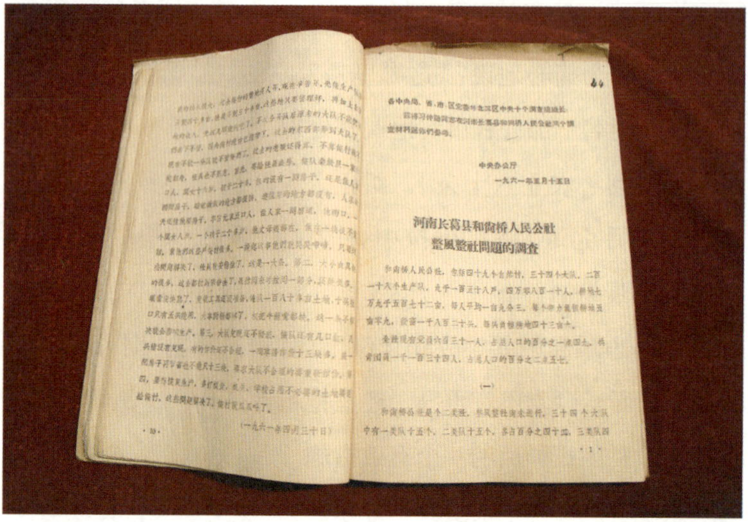

1961 年 5 月 15 日，中共中央办公厅转发习仲勋在河南长葛县和尚桥公社的两个调查报告

新建的县城仿照北京长安街，大礼堂堪比人民大会堂，而群众靠红薯干和野菜、树叶度日。习仲勋在县委扩大会议上进行了严肃的批评：“像这样大兴土木，新建一套，大可不必，不搞只有好处。难道旧县城里还住不了县级机关？毛泽东同志在延安时期没有什么建筑，也办了大事，做了许多工作。”他当场一针见血地指出：“脑子里没有群众利益，只有个人利益，这样的党员就不够格！”

习仲勋关于长葛调查的两个报告，受到中共中央的充分肯定，中共中央办公厅为此专门加了一段按语，向全党转发了这两个报告。

二十九、三次保护西安古城墙

西安古城墙是明代洪武年间在原隋唐长安城皇城遗址上扩建而成（约 1374—1378 年），距今已有六百多年的历史，是目前我国乃至世界上规模最大、保存最完整的一座冷兵器时代的城防工事。从新中国成立到“文革”之后，习仲勋曾三次保护

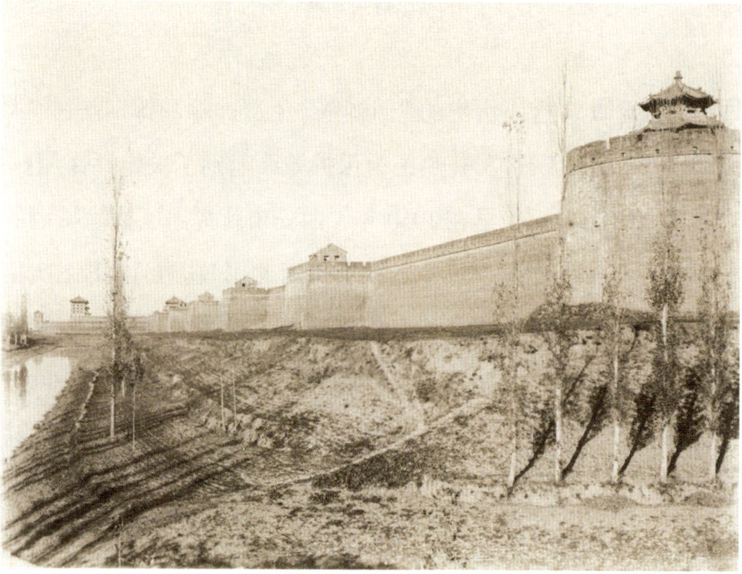

古老的西安城墙

西安城墙一角

习仲勋三次挽救西安古城墙

这座历史的"回音壁"免遭拆除，特别是在"大跃进"狂热中为保护城墙起到了决定性作用。

早在1950年，西安市就提出了拆除城墙的计划。习仲勋在主持西北军政委员会第三次集体办公会议时指出，不能拆除城墙，并特别强调"一动就会乱"。随后，西北军政委员会以彭德怀、习仲勋、张治中的名义发布了《禁止拆运城墙砖石的通令》，使西安古城墙免遭破坏。

在"大跃进"运动中，全国都掀起了拆除城墙的热潮。西安市政府也把拆除西安城墙的报告送交省政府并获得批准。这一时期北京城墙、南京城墙、开封城墙已相继被拆除。西安古城墙垛口也几乎被拆平，南城墙西段外包砖全部被拆走。时任中共陕西省委书记处书记赵伯平打电话给习仲勋，建议由他来出面制止西安拆除古城墙。

就在差不多同时，著名考古学家、陕西省文化局副局长武伯纶，陕西省文管会干部王翰章等 5 人在多方奔走呼吁无果之下，决定以陕西省文物管理委员会名义越级致电国务院，恳请习仲勋对拆除西安古城墙的做法予以干预。

习仲勋接到来自西安的报告，立即安排国务院秘书厅致电陕西省和西安市停止拆除城墙，同时将来电批转给文化部，指示拿出保护西安古城墙的方案。1959 年 7 月 1 日，文化部向国务院提交了《文化部关于建议保护西安城墙的报告》，认为："城墙东

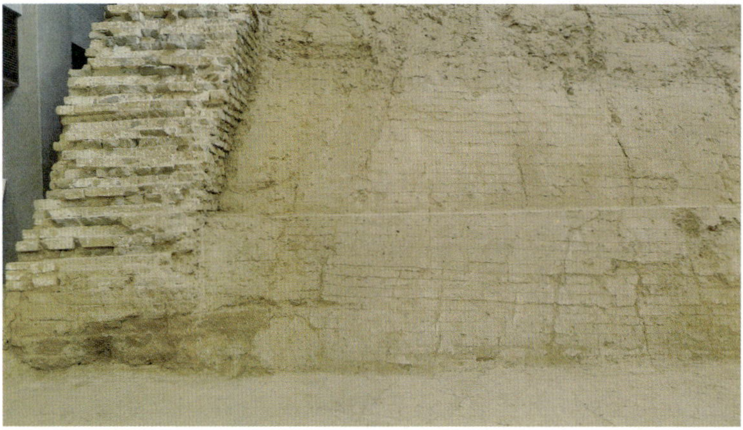

西安城墙遗址

西长七里余，南北长五里，周二十五里，高三丈四尺，基厚六丈，顶宽三丈，旧有四门，并保存有城楼、箭楼、角楼等，建筑雄伟，规模宏大，是我国现在保存最完整而规模较大的一座封建社会城市的城墙，也是研究封建社会城市规划、军事历史的实物例证和研究古代建筑工程、建筑艺术的重要参考资料。据了解，西安城墙在现在都市规划中，可以不妨碍工业建设的发展。因此我部认为应该保存，并加以保护。”7 月 22 日，国务院正式下发了《关于保护西安城墙的通知》，对保留西安古城墙作出明确规定。1961 年 3 月 4 日，西安古城墙被列为第一批全国重点文物保护单位。从此，西安古城墙的保护工作有了法律依据。

尽管如此，“文革”动乱中，西安古城墙还是遭到了严重破坏。到了 1981 年冬，习仲勋看到反映西安城墙遭受严重破坏的内参后，立即让秘书给国家文物事业管理局打电话，让他们及时处理。国家文物事业管理局于当年 12 月 31 日形成了《请加强西安城墙保护工作的意见》，并致函陕西省人民政府。1983 年 2 月，西安环城建设委员会成立，西安城墙的保护工作从此有了可靠保证。

中国工程院院士张锦秋感慨地说：“‘文革’中，西安古城墙遭到严重破坏，当时城墙的许多地方已经坍塌，一些城砖被拉去建防空洞，有些地方还被扒出了很大的口子。有关情况反映到习老那里，他再次指示陕西省和西安市，必须保护好古城墙，要全面修复被毁坏的城墙。西安古城墙从这时候起才真正获得了新生。”

20 世纪 80 年代末和 90 年代初，有关负责同志先后两次向习仲勋汇报西安古城墙的保护工作。习仲勋热情鼓励他们做

1981 年 9 月，习仲勋在陕西临潼华清池视察

好城墙的保护工作。他说，中国是文明古国，一定要把老祖先留下来的东西保护好，不然人家外国人不相信你是文明古国，因为你没有实物。他还希望把剩下的那些豁口都连起来，说连起来才能叫完整的城墙，再过两百年也还是文物嘛！

三十、秦声京韵总关情

秦腔素有中国戏曲“活化石”的美誉。从《诗经》中的《秦风》十篇，到《史记·李斯列传》所赞赏之“击瓮叩缶弹筝搏髀，而歌呼呜呜快耳者，真秦之声也”，形成了刚劲壮美又缠

习仲勋接见秦腔工作者

绵悱恻的独特魅力，其高亢处响遏行云、豪放激越，其细腻处百转千回、撩人心波。

1942 年初，在习仲勋的支持下，关中分区成立了八一剧团，积极创作新剧目，为部队和群众演出，还把优秀剧目演到了延安。在绥德时期，习仲勋亲自领导成立了绥德文工团，批准为文工团购置道具、服装，还特别指示将鞋袜作为特殊供应以保证演出。当时，文工团赶庙会、进村寨，既占领文化阵地，同时也解决了经费困难，一季演出竟然赚了一千块银元。

习仲勋：易俗社不是“接管”，是“接办”，“接办过来，继续办好”

解放后，西北军政委员会还专门成立了戏曲改进委员会，以推动和繁荣秦腔等戏剧艺术。1951 年，著名秦腔科班易俗社率先改为公营剧团。7 月 13 日，习仲勋出席了改制庆祝大会。据老艺人雷震中回忆：“习仲勋开宗明义就说，易俗社在旧时代就是进步人士成立的，是辛亥革命的产物。易俗社过去演的戏都是进步的，对我习仲勋参加革命都有影响。”当时，习仲勋看到标语上写着“接管易俗社”的字样，马上纠正说，易俗社不属于反动组织，不是“接管”，是“接办”，“只能办好，不能办坏”。

在 20 世纪 50 年代末至 60 年代初，习仲勋还与几位在京的陕西籍人士促成了“三大秦班晋京”这一戏剧界的盛事，这也是秦腔发展史上的一大盛景。

1958 年 11 月，陕西省戏曲研究院二团（青年实验团）、三团（眉碗团）和易俗社三家艺术团体组团赴京演出。从剧目审定、地点选择，到邀请嘉宾，习仲勋都一一过问，具体指示。11 月 9 日晚，习仲勋和杨明轩、汪锋、张奚若等陕西同乡专程宴请了演出人员。因为秦腔种类流派众多，先演哪一个剧种一时众说纷纭。习仲勋认真听取大家的意见，表示第一场是给文艺界领导汇报演出，应该先演碗碗腔《金碗钗》，因为碗碗腔从皮影小戏搬上了大舞台，是一项大胆的戏剧革新。这场在中国文联礼堂举行的首演获得了成功。

1958 年 11 月，习仲勋和张治中（前排右二）接见晋京演出的秦腔《梁秋燕》剧组人员

11月12日，在国务院小礼堂演出了《三滴血》，习仲勋邀请并亲自陪同周恩来、朱德、陈毅等中央领导观看演出，接见演员。当时还有一段小插曲——12月20日，刘少奇从外地视察归来，听说《三滴血》很好，特意要习仲勋陪他在公安部礼堂观看了这出戏。

秦腔在北京连演一个多月，反响十分热烈，“三大秦班晋京”演出获得巨大成功。周恩来总理设宴招待了演出团全体人员。欧阳予倩、梅兰芳、田汉、曹禺、马少波等纷纷撰文盛赞陕西秦腔。

秦腔表演艺术家李瑞芳多次感动地说：“没有习老的话，我们三大秦班进不了北京。习老在前门饭店请我们吃饭，还和我们照相，一起照相的还有梅兰芳先生。”

1959年秋，在习仲勋的关心下，陕西省戏曲演出团带着重新改编的《游西湖》、《三滴血》再次晋京演出，并巡回13个省（市），一时盛况空前，谓之“三大秦班十五下江南”。

1961年，习仲勋又邀请家乡阿宫腔剧团晋京演出。阿宫腔是一个古老的戏曲剧种，但作为一个县级剧团，晋京演出非常难得。在京期间演出10余场，习仲勋场场必到。演出团在京期间，习仲勋邀请乡党们到家中做客，用院子里种的葡萄招待大家。他称赞说娃娃们演得不错，嘱咐一定要注意休息，保护好嗓子，把戏演好，并勉励大家回去再好好排些戏，过几年再来演出。

1961 年 10 月，习仲勋亲切接见家乡阿宫腔演员

习仲勋十分重视秦腔的创新发展。20 世纪 80 年代初，习仲勋着急地对陕西省委主要领导说，晋剧上去了，豫剧上去了，秦腔是戏曲的鼻祖，要很好地抓一下。1985 年 9 月 23 日，习仲勋在北京国宾馆观看了大型秦腔剧《千古一帝》录像。12 月 5 日，《千古一帝》在京演出。前一天晚上，习仲勋就从外地赶回北京，打电话邀请中央有关领导，中宣部、文化部负责人和文艺界知名人士观看。《千古一帝》在北京的首场演出就获得了极大成功，习仲勋与中央有关领导一起接见了全体演职人员。

1961年10月，习仲勋与陈毅副总理宴请晋京演出的陕西富平县剧团阿宫腔演员

习仲勋接见《千古一帝》演职人员。右一为邓力群

他高兴地说，你看我们陕西的秦腔，演得唱得多好！

习仲勋非常关心戏曲艺术的推陈出新。1986 年 12 月，习仲勋回到陕西参加西安事变纪念活动时还指出，秦腔要改革，不改不行，改得没有秦腔味也不行。

习仲勋对京剧等其他戏曲剧种也十分关心和热爱。在担任中宣部部长期间，他参与领导和制定新中国的戏曲改革方案，为戏曲事业的健康发展作出重要贡献。在担任国务院秘书长期间，他经常陪同周恩来总理观看各地晋京的戏曲演出，与许多艺术家结下了深厚的友谊。郭沫若、田汉、夏衍、曹禺、吴祖

1980 年 1 月，习仲勋兼任广州军区第一政委。图为他亲切会见广州军区部队文艺工作者

光、欧阳予倩、阳翰笙、马少波等戏剧家每有新作，总是盛情地邀请他观看演出，认真听取他的意见。

京剧艺术家杜近芳回忆，1958 年春，日本松山芭蕾舞团携带他们根据中国歌剧《白毛女》改编的同名芭蕾舞剧来中国演出并大获成功，这使中国的京剧艺术家们深受启发，尝试将歌剧《白毛女》搬上京剧舞台，李少春与杜近芳分别饰演大春和喜儿。以京剧这种古老的艺术形式排演现代戏，有许多难以克服的困难。习仲勋多次陪同周恩来总理前往排练现场观看，热情地鼓励京剧艺术家们大胆进行创新实践。

1983 年 4 月 29 日，习仲勋在北京亲切会见程砚秋夫人果素瑛(右三)、程派著名演员王吟秋（右一）

十年“文革”动乱，许多老艺术家身心受到严重摧残。习仲勋到中央工作后，多次指示有关部门要制定政策，切实关心老艺术家，为他们解决工作和生活方面的困难。夏衍晚年行动不便，出入都得坐轮椅。习仲勋登门看望夏衍时，发现他住的院落偏小，不利于轮椅进出，立即指示有关部门为夏衍换了一处更大的院落。

文化部、中国文联、中国作协，在20世纪80年代很长一个时期内都由习仲勋分管。那些年，全国各地许多剧团的晋京演出，习仲勋都出席观看，并由他代表党中央和国务院接见和慰问参加演出的艺术家们。在此期间，他还亲自关心和指导了中国文联、中国作协、中国戏剧家协会的换届工作。

著名戏剧家马少波回忆说，习仲勋是一位开明而谦逊的领导人，他对艺术家的关心、爱护让人觉得十分温暖，对艺术界出现的一些不良现象他也批评，有时批评得还很严厉，但他的批评从来都不是居高临下的，而是同志式的、朋友式的，让你听了不觉得反感，“习仲勋和周恩来总理一样，是文艺工作者最亲近的领导人和最知心的朋友”。

三十一、小说《刘志丹》事件

1962年8月24日，北戴河中央工作会议将要结束之时，有人借小说《刘志丹》向习仲勋发难，说这部小说是在为高岗翻案，诬陷习仲勋是小说《刘志丹》的“第一作者”。9月8日，八届十中全会预备会议期间，康生也借小说《刘志丹》在西南组会议上提出“现在中心的问题是为什么要在这个时候来宣传高岗”。习仲勋随即成为批判彭德怀“翻案风”的一个活靶子，被诬陷为“反党大阴谋家、大野心家”。

此前，习仲勋受周恩来总理委托，在北京主持召开全国36个城市的工作会议。当他出席八届十中全会预备会议时，对发生的事情还一无所知。有人告诉他被会议点名批判时，他不敢相信这是真的。

“这真是晴天霹雳，令人百思不得其解。”习仲勋决定向中央写信说明情况。

小说《刘志丹》的作者李建彤是刘志丹胞弟刘景范的妻子。1956年前后，李建彤应工人出版社之约决定创作一部反映西北革命斗争史和刘志丹革命事迹的小说，动笔前征求意见时，习仲勋明确表示不同意将严肃复杂的西北革命史写成小说。

小说《刘志丹》写出第三稿后，习仲勋仍婉言相劝，告知西北党史上的许多问题处理不好会引起意见纠纷。西北许多老同志多次劝说他支持写作。习仲勋表明自己的意见："写西北革命，要写整个一个时代。思想呢？就是毛主席领导革命的正确思想，通过

习仲勋：不同意写小说《刘志丹》

习仲勋在中南海办公室

志丹具体实现。最后一段只留下一个陕甘苏区。”习仲勋特别强调：“最后是毛主席来了，不然也完了！”

9月19日，八届十中全会预备会突然公布了一份诬陷彭德怀和习仲勋的长篇材料，对习仲勋的批判随之升级。无奈，习仲勋找周恩来请假，不再参加会议。

9月24日，八届十中全会开幕。在毛泽东讲话时，康生递上了一张条子，写着“利用小说进行反党活动，是一大发明”

1958年，习仲勋和儿子近平、远平在一起

1959年，习仲勋和家人在一起

1960年，习仲勋、齐心夫妇与亲友在北海公园合影

的字样。毛泽东念了这张条子，接着说：“现在不是小说刊物盛行吗？利用写小说来进行反党活动，这是一大发明。”后来又说：“利用小说反党，是康生发现的。”这次会上，毛泽东提出阶级斗争要“年年讲，月月讲，天天讲”。全会作出决定，

分别成立“彭德怀专案审查委员会”和“习仲勋专案审查委员会”，由康生负责这两个专案审查委员会的工作。习仲勋的“罪状”是：小说《刘志丹》是“伪造党史”，把陕甘边写成中国革命的“中心”和“正统”，“把毛泽东思想说成是刘志丹思想”；书中的“罗炎、许锺写的就是高岗、习仲勋”，是“为高岗翻案”，“吹捧习仲勋”。

习仲勋极为痛苦，整日沉默不语。周恩来和陈毅受党中央和毛泽东的委托找他谈话。周恩来亲切地告诉他：“党中央、毛主席对你是信任的，让你代表政府做了许多工作，即使出了《刘志丹》小说这个问题，错了就改嘛！我们还是好朋友，千万不要有一念之差。”

彭德怀没有出席八届十中全会，他不解地问妻子浦安修：“我的问题怎么把他也连累了？”

习仲勋在家“闭门思过”，接受审查。1963年秋，开始写“检查报告”。齐心回忆：“仲勋把党的利益放在第一位，承担了这个责任，在检讨中写出36年的回忆，写从（19）26年参加共青团到（19）62年整整36年。虽然受了莫须有的罪名，给他造成极大的痛苦，但是他还是想着党的一切。当时孩子都还小，不懂发生什么事情。”

不久，习仲勋住进离中央党校不远的一个叫西公所的院落，开始了两年多的“学员”生活。西公所占地十余亩，分前后两院，前院没有房舍，杂乱地长满了花草。他不参加党校的任何学习活动，不能迈出大门一步，上午读书，下午劳动。

习仲勋带着家人在后院的一块空地上种了一大片玉米、蓖麻和蔬菜，收获多半交公。往常每逢节假日，他就会带着孩子

习仲勋和夫人齐心及小儿子远平在一起

们到天安门广场玩。1964年的五一节到来时，小儿子远平问："爸爸，你今年还带我们上天安门吗？"习仲勋朗声答道："来吧！孩子们，我今年要带你们过一个真正的劳动节。"孩子们在他的带领下，在菜地里争先恐后地劳动，热热闹闹地过了一个让他们难以忘怀的五一劳动节。

一天，妹妹习雁英去西公所看望他，一见面就难过地流下了眼泪。习仲勋劝慰她："受党的教育这么多年了，还这么软弱，这么经不起风浪，动不动就流眼泪，怎么能行呢？无论何时都要听党的话，把自己的工作做好。"习雁英回忆："我本来想去劝说他、安慰他，以减轻他的精神负担，没料想却让他给我上了一堂政治课。他对党不但没有丝毫埋怨情绪，仍然教育家人坚定革命信念，做好本职工作。"

习仲勋对妻子说："革命不是为了当官，种地同样可以革命。"1965年夏，他致信党中央和毛泽东，除检讨错误外，还提出："让我去农村生产队参加集体劳动锻炼，把自己改造成为一个毛泽东思想式的新的普通劳动者。我长期关在屋子里，脱离实际生活，是改造不好的。"

毛泽东建议习仲勋到工厂去锻炼，"过两三年再回来"。

中央最后作出决定，让长期审查没有作出结论的彭德怀、习仲勋分别下放到西南三线和洛阳矿山机器厂工作。两位昔日西北战场上的亲密战友背负着相似的罪名离开北京，从此天各一方，再也不曾相见。

三十二、蒙冤 16 年，两次下放洛阳

1965 年 12 月 7 日，习仲勋第一次下放河南洛阳，担任洛阳矿山机器厂副厂长。从国务院副总理到工厂副厂长，这样的人生落差不可谓不大，但人们从习仲勋脸上却看不到一丝的沮丧和消沉。

习仲勋每天上午到第二金工车间电二班劳动，下午读书看报。他还保持着两个生活习惯，一是泡澡，一是散步。他和工人们一起在大池子里泡澡，一边洗一边拉家常。晚饭后，他会走到不远处的苹果园，和群众在田间地头聊天。

可惜，这样相对宁静平和的日子并没有持续多久。一场史无前例的“文化大革命”运动开始了。

对这场迅速波及全国的“文革”运动，习仲勋从一开始就感到困惑和不解，对红卫兵的“打砸抢烧”很是气愤。给他理过发的丁宏如师傅记得：“有一次在那里理发，他看见造反派把公家商店里的烟和酒拿出去烧掉，他很生气，告诉范秘书说，记下，写信给总理，岂有此

蒙冤下放洛阳

习仲勋在洛阳

理！我说，你不要管这事，造反派都是红卫兵，他们不讲道理呀。他说我不怕！我这一辈子没有见过这样把国家财产拿出来烧的。”

1967 年 1 月 1 日，《红旗》杂志刊登姚文元《评反革命两面派周扬》的文章，公开点名批判周扬和小说《刘志丹》，矛头再次指向习仲勋。

在一个月黑风高的晚上，习仲勋被来自陕西的红卫兵强行带往西安关押、批斗。

在西北大学，他和负责看守他的一名红卫兵成了彼此信任的朋友，在京的家人还收到了从西安寄来的一册精装本《毛主席语录》和一封信。这是非常岁月里难得的温暖。

在一次批斗会上，习仲勋遇到了自己的“良师益友”、陕西省原省长赵伯平。在八届十中全会西北组会议上，赵伯平坚持“仲勋是个好同志”，坚持不揭、不批、不表态，因此受到株连。习仲勋望着已经是 65 岁老人的赵伯平，心里非常难过。赵伯平长叹了一口气，说：“唉，想不到老了老了还招了这个祸！”

习仲勋把自己遭受批判的情况和对“文革”的不理解写信向周恩来反映。习仲勋的境况引起周恩来的重视。2 月中旬，周恩来在接见西安造反派代表时批评道：“我们都不知道，你们为什么随便把习仲勋抓到西安！”并一语双关地说：“你们抓住一个习仲勋，以为如获至宝，那是一个刺猬。”

3 月 19 日，陕西省军区即遵照周恩来的指示，宣布对习仲勋实行军事管制，转移到省军区机关，实际上暂时保护了起来。

10 月 2 日，造反派又将习仲勋拉到富平县迤山中学操场批斗，富平县委书记周惇陪斗。当习仲勋走上临时搭建的批斗台时，台下数千双眼睛齐刷刷地朝他望去。这都是十里八乡赶来的乡亲们，每个人的心里都牵挂着这位家乡的英雄。天气闷热，看到习仲勋不时擦着脸上的汗水，台下有人赶忙找来一把伞站在身边给他一直打着。群众纷纷斥责那些批斗他的人：你们喊什么？（19）62 年闹春荒时，不是他说了话，让老百姓到陕北驮粮，给关中道几个县调拨救济粮，不知道要饿死多少人哩！

批斗会不得不草草收场。习仲勋回忆："在迤山中学批斗我，因为天热，怕把我晒晕了，还有人给我打了一把伞。会后，我告诉他们说，我回来了，你们要让我吃上顿家乡饭。他们就给做了扁豆沫糊、红豆面条等风味小吃。"

习仲勋于 10 月 31 日和 11 月初两次写信给毛泽东和周恩来，汇报批斗的情况和思想的变化。1968 年 1 月 3 日，中央派专机将习仲勋接回北京，从此开始了漫长的监护岁月。

从 1968 年初到 1975 年 5 月，近 8 年时间，习仲勋被监护在北新桥交通干校一间只有七八平方米的小屋子里，几乎与世隔绝，所幸的是每天还能看到《人民日报》。

在小屋子里，习仲勋坚持每天两次的特殊散步，就是一圈一圈转圈子，从 1 开始，转一圈数一下，转到 10000 圈，然后倒着数，从 10000 转到 1。他心中坚持一个信念，那就是为了

“文化大革命”开始后，习仲勋被红卫兵从洛阳拉到西安批斗，一年后又被移送北京监护并接受专案组审查，与家人分别长达七年之久。1972 年冬，齐心获准带着儿女看望监护中的习仲勋。为了记住这次难得的相见，齐心和子女专程从外地赶回北京，在王府井中国照相馆拍摄了这张照片（当时，齐桥桥在内蒙古生产建设兵团劳动，习安安在山西运城临猗插队，习近平在陕西延川县梁家河村插队，习远平在河南西华县黄泛区农场中央党校“五七”中学刚毕业，齐心在河南西华县黄泛区农场中央党校“五七”干校劳动）。前排右起：齐桥桥、齐心、习安安。后排右起：习近平、习远平

给党和人民再做工作，就要走，就要退，既锻炼毅力，也锻炼身体。他回忆说：我对共产党有充分信心，我认为党中央总会对我有个正确结论的。

1972年冬，经周恩来特别批示，习仲勋和家人始得相见。而此时，自1965年12月下放洛阳起，他已和家人分别了整整七个年头，他已分不出两个儿子哪个是近平，哪个是远平。习仲勋霎时热泪盈眶。

1974年12月21日，毛泽东对小说《刘志丹》案作出批示："此案审查已久，不必再拖了，建议宣布释放，免予追

1975年，习仲勋在洛阳

究。”1975 年春节后，专案组宣布对习仲勋解除监护，让他“换一个环境，休息养病”。习仲勋选择重返洛阳。

1975 年 5 月 22 日，习仲勋在夫人齐心陪伴下再次来到洛阳，过起“既不是党员，又没有工作”的生活。洛阳耐火材料厂一栋住宅楼的 2 层西户，一间面积仅 24 平方米的小房子即是他们的安身之所。习仲勋的工资仍未发放，每隔一段时间可以从厂里借 200 元生活费。

为了省钱，习仲勋动手做了一个打煤机，学会了自制蜂窝煤。有一次，住他隔壁的工人师傅李金海跑来帮他搬煤，那一天两个人还喝了一点白酒。饭桌上的一件小事让李金海印象深刻——“一粒花生豆掉地上了，他还赶紧捡起来，吹吹，吃了。”

据齐心同志回忆：“当人们发现我们的子女因往返看父亲缺少路费时，耐火厂的老工人师傅们便默默地拿出自己微薄的工资主动地借钱给我们。矿山机器厂的老工人宋福堂曾请我到他家里去吃鲜美的猪肉韭菜饺子，还捧出山东老家的大花生。在那个时候，再没有什么比这更温暖的了。”

习仲勋看到职工上下班乘车困难，便独自到市委反映问题，谁知在市委门前被值班人员挡了驾。他直言道，我是习仲勋，要向市委领导反映问题。见到市委书记后，他当面说明情况，问题最终得到解决。

1976 年 1 月 9 日清晨，习仲勋从广播中听到周恩来总理

1975 年，习仲勋和夫人齐心与儿女在洛阳红旗照相馆合影。后排左起：儿子习近平、女儿习安安、女婿吴龙

逝世的消息，顿时呆立在旷野上。他不顾有关部门阻挠，沉痛地给治丧委员会主任邓小平发出唁电，并转邓颖超：“惊闻噩耗，不胜悲痛至极，不能亲临悼念，深为终生憾事！”面对总理遗像，他几度失声痛哭。

这一年，是中国农历的龙年，7 月 6 日，人民军队的缔造者之一，曾经担任红军总司令、八路军总司令、中国人民解放军总司令的朱德委员长逝世；7 月 28 日，发生了唐山大地

1975 年，习仲勋与小儿子习远平在洛阳

震；9月9日，中国共产党、中国人民解放军和中华人民共和国的主要缔造者和领导人毛泽东逝世。这一系列巨大的变故让习仲勋对国家的前途和命运充满忧虑。

毛泽东逝世后，习仲勋心中非常悲恸。他一个人走到郊外的小山上，采摘了一朵鲜花戴在胸前，肃立良久，默默哀悼。两年后，他还在《红日照亮了陕甘高原》一文中深情地回忆道："我长期在地方工作，毛主席就让我到中央党校学习，以后相继在地方、党校、部队和领导机关工作。十余年间，我多次同毛主席接触，受到他的关怀、爱护。他有时吸收我参加中央有关会议，有时找我谈话，有时写信给我，以至题词勉励我，使我不断受到教育。"

1976年10月，"文革"中兴风作浪的"四人帮"倒台了。这让习仲勋欣喜不已。1977年8月，中国共产党第十一次全国代表大会在北京召开，宣告历时10年的"文革"结束。习仲勋在"四人帮"倒台后就给中央写信，要求平反，并请求给自己安排适当工作。齐心和几个子女也为习仲勋获得平反多方奔走。

1978年2月中旬，中央办公厅电话通知河南省委，迅速将习仲勋护送进京。22日，习仲勋乘坐火车从洛阳到达郑州，河南省委书记王辉在站台迎接。他一下车就和王辉紧紧拥抱在一起，激动地说："王辉，这是我16年来第一次和人拥抱！"

三十三、65 岁南下主政广东

1978 年初，习仲勋作为特邀委员出席全国政协五届一次会议，并当选全国政协常委。这是 16 年之后，他第一次走进

改革开放初期的习仲勋

熟悉的人民大会堂，又见到了许多老朋友、老战友，他们久久地握手，紧紧地拥抱。

包尔汉一见到习仲勋，就紧紧拥抱在一起，老泪纵横，百感交集。在交谈中，习仲勋对自己的经历一句都没有提起，而是关切地询问包尔汉各方面的情况。包尔汉的女儿伊丽苏娅回忆说："当他了解到我父亲的好多问题没有落实，他就安慰我父亲：'你要相信中央，会给你一个公平公正的结论。'"

叶剑英见到习仲勋，不禁一下子愣住了。他对习仲勋经

1978年4月5日，习仲勋离京赴广东上任时在机场与送行人员合影。左一至左五为习近平、吴庆彤、宋养初、齐心、屈武，右二至右三为齐桥桥、习远平

习仲勋在机场迎接叶剑英委员长到广东视察

受了这么多磨难，身体还这么康健感到惊喜。此后不久，叶剑英向华国锋和刚刚担任中共中央组织部部长的胡耀邦提议，让习仲勋到广东工作。

习仲勋复出，主政广东

很快，65 岁的习仲勋肩负起为祖国“把守南大门”的历史重任。动身前，华国锋、叶剑英、邓小平和李先念等分别会见了习仲勋，都对他寄予厚望，一再指出做好广东工作具有重大意义，要他大胆工作，放手干。

齐心同志回忆说：“耀邦从资历、经验、工作能力、水平、威望五个方面称赞他，叶帅也坚决支持仲勋早日出来工作……跟小平同志谈过之后恢复工作，中央决定派他到广东工作，耀邦说‘让你去把守南大门’。”

广东是“文革”的重灾区，原本“毗邻港澳，华侨众多”的优势已变为劣势，海外关系变成了“黑关系”，受损的不单单是经济发展，沿海一带偷渡外逃风更是愈演愈烈。等待习仲勋的，确实是一副很不轻松的担子。

4 月 5 日，习仲勋乘飞机抵达广州，当天下午就出席了正在召开的广东省第四次党代会。6 日上午，在中共广东省第四次代表大会第三次全体会议上，习仲勋发表了热情洋溢的讲话。他郑重表示，北方水土养育了他大半辈子，现在到了广东，要靠南方水土养育下半辈子。

时任惠阳地委副书记兼宝安县委书记方苞回忆：“他（讲话）没有用稿，因为‘文革’以后所有领导人讲话都用稿，他第一次来广东，第一次跟全体委员见面竟然不用稿，而且讲得很直爽。我就觉得这位同志性格非常豪爽，觉得广东这样就有希望了。”

6 日下午，在省委四届一次会议上，习仲勋当选为中共广东省委第二书记。同时，中央还任命他为省革委会副主任，后于同年 12 月出任省委第一书记兼省革委会主任。他把主要精力放在省委，省革委会的日常工作放手由省委书记、省革委会副主任刘田夫负责。

1979 年 1 月，习仲勋在海南三亚

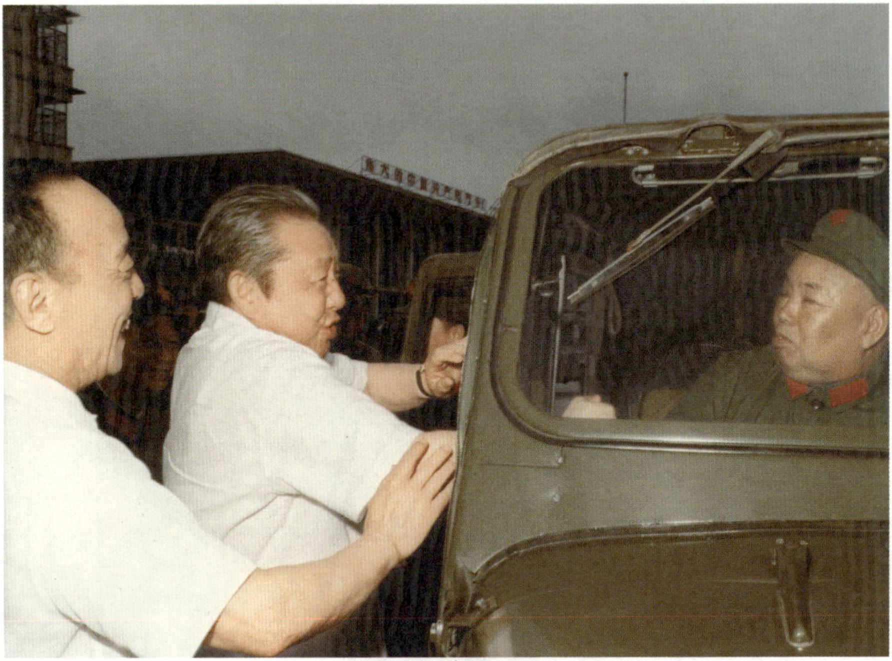

1979 年 6 月，习仲勋与许世友隔着车窗比试手劲。左为杨尚昆

习仲勋上任仅一个星期，81 岁高龄的叶剑英就回到广东视察。在听取习仲勋的工作汇报后，叶剑英以六言相赠："深入调查研究，稳妥制定计划，及时报告中央，按步执行实施，分清轻重缓急，注意保密安全。"

1978 年 6 月 30 日，习仲勋在省委四届一次常委扩大会议上总结省委常委整风的情况，他特意提醒大家："最近报纸上有些文章要好好地读，如《马克思主义的一个最基本的原则》、《实践是检验真理的唯一标准》等。理论要与实践结合起来，

1980 年 1 月，习仲勋与粟裕（中）、许世友（右）在广州合影留念

理论要指导实践，实践反过来又丰富这个理论，离开实践，理论一文不值。”

9 月 20 日，《人民日报》以《实事求是，解放思想，加快前进步伐》为题，报道习仲勋主持召开广东省委真理标准讨论学习会。导语说：广东召开省委常委和省革委会副主任学习会，联系实际讨论真理的标准问题。习仲勋指出，实践是检验真理的唯一标准，这绝不是一个单纯的理论问题，而是一个有重要实践意义的问题。当时，习仲勋是全国最早见诸报端公开支持真理标准大讨论的几位省级主要负责同志之一。

1980 年 1 月，习仲勋兼任广州军区第一政委。在他推动下，广州军区一些“文革”冤假错案得以很快平反。

1979 年，习仲勋与习近平在海南

习仲勋在广东工作期间，十分重视加强军民团结，搞好地方和军队的关系。作为广州军区第一政委，他身体力行，与先后担任广州军区司令员的许世友、吴克华坦诚相见，相处融洽。许世友个性鲜明，常常以酒论英雄。第一次会面，许世友就想给习仲勋一个“下马威”，给自己和习仲勋各倒上三大杯白酒。没想到习仲勋三大杯酒下肚，面不改色，神情淡定，许世友从此对习仲勋刮目相看。

1978 年 8 月，习仲勋在博罗县罗浮山与 124 师领导合影。一排左二为习近平

三十四、大刀阔斧平反冤假错案

1979年1月8日至25日，习仲勋主持召开省委四届二次常委扩大会议传达十一届三中全会精神。会上，习仲勋对彻底解决广东“文革”以前的历史遗留问题作了全面部署，就平反冤假错案一口气讲了11个方面的问题。在谈到反右派问题时，他说，广东省应该按照中央指示精神，错多少纠正多少，全部错了的全部纠正，不留尾巴。

1978年12月，习仲勋出席中共十一届三中全会，被增补为中央委员。图为习仲勋在十一届三中全会上

习仲勋的讲话被一阵阵经久不息的掌声打断，人们后来形容说，这就是岭南真正的春天！

习仲勋大刀阔斧地

复查平反冤假错案，其中最突出的是“反地方主义”、“李一哲”案和“反彭湃烈士事件”。

习仲勋大刀阔斧平反冤假错案

彭湃是著名的“农民运动大王”。20世纪60年代，在“四清”运动中，广东海丰突然掀起一股反彭湃的浪潮。“文革”中，彭湃烈士的儿子彭洪等几名亲属惨遭杀害，大批无辜的干部群众受到牵连，遭到关押、批斗，甚至被殴打致伤致残，造成轰动全国的重大冤案。

1978年6月18日，刚到广东两个多月，习仲勋就听取了“反彭湃事件”的汇报，他明确指示要复查平反。个别造反起家的人坚决主张“反彭”事件不能平反，扬言要向中央告状。习仲勋闻言，愤怒地说：“你要是不上告，你就是王八蛋！”

时任广东省公安厅厅长王宁回忆：“根据习书记的指示，省委、省革委会同广州军区党委派出联合工作组，协助汕头地委彻底清查海丰反彭湃烈士事件。这支约30人的调查组，由我来带队。成员是各单位处级以上的干部。整个调查时间持续半年之久。”

也就在四届二次常委扩大会议上，习仲勋明确指出，反彭湃事件是林彪、“四人帮”篡党夺权阴谋的一个组成部分，矛头指向周总理、叶副主席等老一辈无产阶级革命家，是一次反革命事件。

“反地方主义”先后有过两次：第一次是1952年到1953年，

1979年2月12日 星期一 第四版

广东省委、省革委会经过认真清查后作出决定

严肃处理反彭湃烈士的事件

犯有严重罪行的原汕头地委副书记孙敬业已被依法逮捕；残杀彭湃烈士亲属及其他革命群众、民愤极大的反革命分子洪桂文等交专政机关依法严惩

本报讯 记者雷力行报道：经过认真清查，广东省海丰县十年前发生的一起反彭湃烈士的严重事件已经真相大白。中共广东省委和省革委会决定对这一事件严肃处理。被残酷迫害的彭湃烈士的亲属和大批革命群众，已彻底平反昭雪；纪念彭湃烈士的遗迹遗物，已全部恢复；在这一事件中犯有严重罪行的原汕头地委副书记孙敬业，已由国家专政机关逮捕；疯狂进行阶级报复、残酷杀害彭湃烈士侄儿彭科的反革命分子洪桂文和其他几个民愤极大的杀人凶手，正交由专政机关依法严惩。革命正气伸张，人心大快。

一九六六年春，孙敬业和支持他的几个人一起，在海丰大造舆论。他们制造材料，无限上纲，把九十五岁的彭湃烈士的母亲周凤打成“黑旗”，煽动说：“海丰碰到了一个天大的问题”，“什么天大的问题，就是海丰是毛泽东思想的天，还是彭老太太的天，是听毛主席的话，还是听彭老太太的话？”孙敬业竟说：“不砍倒周凤这面黑旗，毛泽东思想就进不了海丰”。接着，文化大革命开始，林彪打着“高举”、“紧跟”的旗号，借文化大革命之机，疯狂进行篡党夺权的阴谋活动。这时，林彪、“四人帮”的追随者又直接写信给林彪，恶毒攻击彭湃同志和海陆丰农民运动，说什么彭湃的“思想既有右倾的表现，也有‘左’的倾向”，海陆丰起义是“盲动主义”，“混淆了中国革命的两个阶段”，纪念海陆丰苏维埃是“抵制毛泽东思想”等等。他们向林彪叩求：“我们日夜期待你的指示，盼望你的支持”。不久，他们就扬言得到林彪的“批示”。从此，反彭湃的恶浪便铺天盖地而来。孙敬业等一伙利用各种场合和各种形式，大肆攻击海陆丰三次武装起义是“不必要的”，“路线是错误的”，攻击彭湃烈士是“左倾冒险主义者”，“右倾机会主义者”，甚至不惜利用数十年前国民党反动派诬蔑海陆丰农民运动的反革命宣传作为攻击的炮弹。他们对彭湃烈士的母亲进行秘密监禁、施以人身摧残，使她受尽折磨，最后含冤死去。他们暗中组织“彭湃专案组”，四处收集黑材料，千方百计要把彭湃同志打成“叛徒”。

林彪、“四人帮”及其追随者，还把彭湃烈士著的、周恩来同志题写书名的《海丰农民运动》，以及新华书店发行的宣传彭湃烈士和海陆丰农民运动的书籍，统统诬为“黑书”，予以没收。孙敬业公然宣布：今后谁再收藏海陆丰史料，就以反毛泽东思想、反革命分子论罪。他们捣毁革命文物，把国务院颁布的全国重点文物保护单位红宫、红场改了名，捣毁了红宫、红场的大门，把红色围墙涂成黄色。连大革命时期沿用下来的“赤坑”、“红草”两个地名也改掉。群众愤慨地说：当年还乡团反攻倒算，就是这样“毁红灭赤”的。

林彪、“四人帮”及其追随者的倒行逆施，激起了海丰人民的强烈反对。广大干部和群众挺身而出，维护烈士英名，声讨他们大反彭湃的罪行。孙敬业等疯狂进行压制，叫嚣海丰的事情，血不流，事不止。他们暗中策划阴谋，利用手中的权力，秘密调动武装民兵进城，于一九六七年八月二十六日制造了骇人听闻的血腥镇压，随后进行了长达半月的“围剿”。在这次反革命事件中，有一百多名干部和群众被杀害，四百多人被打成重伤和残废，三千多人被打伤。彭湃烈士的亲属有五人惨遭杀害。对彭湃烈士怀有阶级深仇的杀人凶手洪桂文，父亲是血债累累的伪乡长、日伪维持会长，叔祖父曾任伪区长，在大革命时被我镇压。在这次反革命事件中，洪桂文凶相毕露，举起篾刀，连砍带割，把彭湃烈士侄儿彭科的脑袋砍下，挂在海丰闹市区示众三天。有的烈士遗孤也被“斩草除根”。“八·二六”事件后，他们又大搞株连，对死难者的家属进行惨无人道的迫害，给他们戴上“反属”的帽子，驱赶到农村。有的被逼得走投无路，只好拖儿带女乞讨要饭。他们还通过“清理阶级队伍”，把过去跟随彭湃同志革命的老同志，大批地打成“叛徒”、“反革命”，把大革命时期牺牲的烈士家属打成“反属”。彭湃烈士的儿子彭洪，清队时被从广州揪回批斗，最后被迫害死在狱中。

在大反彭湃的反革命事件中，这伙反革命公然把矛头指向周总理和叶副主席。在周凤受迫害时，周总理下令拯救这位革命老人。他们却攻击周总理和叶副主席“为地主婆周凤翻案”。“八·二六”大屠杀时，周总理下令收缴枪支，停止杀人，不准围捕上山群众；他们竟上街示威，贴出“猛揪国务院后台老板”等反动标语。一九七四年，叶副主席派出解放军总政治部工作组，前来调查海丰事件，孙敬业百般阻挠破坏，搞假材料欺骗工作组，掩盖罪行。

去年夏天，中共广东省委常委举行扩大会议进行整风，揭开了海丰问题的盖子。在揭批林彪、“四人帮”的斗争中，海丰人民彻底清查了这伙反革命的滔天罪行。广大干部和群众愤慨地指出，林彪、“四人帮”及其追随者妄图抹煞彭湃烈士和海陆丰武装起义的历史功绩，妄图篡改党的历史，把攻击的矛头指向周总理和叶副主席，但是，历史是涂抹不了的，他们的阴谋永远也不能得逞。

去年六月，广东省委公布了彭湃烈士家属的申诉。省委、省革委会同广州军区党委，派出联合工作组，协助汕头地委彻底清查海丰事件，海丰群众受到了极大的支持和鼓舞，迅速掀起揭批查运动的高潮。工作组先后收到群众来信八千多封，接待群众来访五千多人次。反彭湃事件的真相被彻底揭露。

在处理海丰事件过程中，广东省委、省革委会坚持把清查工作搞到底，特别是对主要策划者和民愤极大的杀人凶手进行彻底追究；在处理时坚决按党的政策办事，对犯错误的人，主要着眼于教育提高，分清路线是非，团结绝大多数；对犯有严重罪行而又不肯改悔的极少数，则绳以法纪。同时，对受迫害的彭湃烈士的亲属和干部、群众，则大张旗鼓地进行了平反昭雪。

海丰县委专门为烈士的母亲周凤作了平反决定，恢复和维护了她革命家庭的荣誉。为烈士的儿子彭洪同志平反昭雪，隆重举行了追悼会和骨灰安放仪式。到目前为止，全县平反的有三千二百多人，被开除出队和被迫退职的干部、教师、职工已有一千三百多人重新安排工作。许多受迫害的干部回到了领导岗位，县、社领导班子得到了初步的调整和充实。

短评

严明法纪　大得人心

十年前，广东汕头地区海丰县发生了一起骇人听闻的严重事件。一小撮反革命分子，肆意诬蔑忠诚的共产主义战士、我国早期农民运动优秀领导人彭湃烈士，疯狂迫害彭湃烈士的亲属和其他革命干部、群众，激起了全党全国人民的公愤。“四人帮”被粉碎以后，中共广东省委拨乱反正，昭雪冤案。经过几个月的认真清查，反彭湃烈士的严重事件终于真相大白，原来是一件骇人听闻的反革命阶级报复事件。事件的直接策划者及其支持者和一小撮杀人凶手，有的已被依法逮捕，有的正交由专政机关依法严惩。严明法纪，得到了广大群众的热烈拥护。

发扬社会主义民主，加强社会主义法制，这是把全党工作的着重点转移到现代化建设上来，为早日实现“四化”而努力的政治保证。加强社会主义法制的一个重要的任务是要继续平反错案、昭雪冤案。实事求是，“有反必肃，有错必纠”，这是我们党坚定不移的方针，我们一定要认真贯彻执行，把这方面的工作抓紧抓好。

当前，有一种情况值得注意。有些人本身与冤错案件有牵连，因而不愿意实事求是地进行平反昭雪冤错案件的工作。我们要象甘肃、浙江等地那样，对于抵制平反错冤案件工作的人，首先要认真进行清查，必要时采取组织措施。有些人本身是与制造冤案、错案有牵连的打砸抢分子，现在经过揭发查证，就应该毫不犹豫地依法进行惩处。有些人不但千方百计隐瞒自己的罪行，而且蓄意反诬别人，就应该反坐，依法给予惩处。只有这样，社会主义的法制才能得到加强，人民的民主权利才能得到保障，不法分子才能受到打击，安定团结，努力实现“四化”的政治局面，也才能不断得到巩固和发展。

1979年2月12日，《人民日报》刊发广东平反冤假错案的报道

1980 年春，习仲勋和胡耀邦在广州白云机场

中共中央和毛泽东严厉批评广东在土地改革中“迷失方向”，认为华南分局领导人方方犯了“地方主义”错误；第二次是在1957 年底，广东省委认为存在着一个以省委书记冯白驹和古大存为首的“海南地方主义反党联盟”，并报经中央批准。两次“反地方主义”造成了极其严重的后果，涉及地方干部 2 万7 千多人。

习仲勋顶住层层压力，坚持复查“反地方主义”。他直言不讳地说：“有两种可能，一种可能是我被挤出广东，另一种可能是把为地方主义等平反搞成。”

1979 年 8 月，广东省委发出《关于复查地方主义案件的通知》，指出：“当时认定古大存、冯白驹两同志‘联合起来进行反党活动’，存在一个‘以冯白驹同志为首的海南地方主义反党集团’；有的地方也定了一些地方主义反党小集团，现在看来，这些结论都是不当的，应予以撤销。”

习仲勋在阅读群众来信

习仲勋调到中央后，仍关注着案件的进展。1983年，在他和陈云、黄克诚等人的关心过问下，中共中央于2月9日发出《关于为冯白驹、古大存同志恢复名誉的通知》。后来，也撤销了对方方的处分，恢复了名誉。历时近30年的广东“反地方主义”冤案，终于彻底平反。

“李一哲”案件是“文化大革命”期间闻名广东的所谓“反革命集团案件”。1974年11月10日，署名“李一哲”的大字报《关于社会主义的民主和法制——献给毛主席和四届人大》张贴在广州街头，公开揭露林彪集团破坏民主和法制，还不点名地指出“四人帮”一伙的严重罪行，引起强烈反响。习仲勋到广东不久，关押在狱中的“李一哲”成员李正天两次给他写信申诉。习仲勋多次主持召开会议研究“李一哲”问题，认为“李一哲”不是反革命集团，应予平反。1978年12月30日，李正天等人被释放。

1979年1月24日下午，习仲勋接见李正天等人。他语重心长地说：“你们的路还长，希望你们把路子走对，健康地成长。”此后，习仲勋还在两个多月时间里数次找李正天等人谈话，仅谈话记录就长达二十多万字。

许多人并不知道，习仲勋在广东大刀阔斧平反冤假错案时，他自己身上背负的“小说《刘志丹》”冤案和“习仲勋反党集团”冤案尚未获得平反。中共中央于1979年8月4日批转了中央组织部《关于为小说〈刘志丹〉平反的报告》，于

1980 年 2 月 25 日发出《关于为所谓“习仲勋反党集团”平反的通知》，而这已经是习仲勋到广东工作两年以后的事情了。

习仲勋是在经历了 16 年磨难之后南下主政广东的，岁月的紧迫感和历史的使命感使他精神百倍地投入工作，常常在深夜结束了一天的工作后，还要读书看报，了解国内外动向，用他自己的话说，是一天当作两天干。这一切，夫人齐心一一看在眼里：“作为他的妻子，我很能理解他的心情，他是想把失去的 16 年时光夺回来，多为党和人民做些实事。”

1980 年春，习仲勋和杨尚昆(左四)、吴克华(左二)、刘田夫(左一)、李坚真（左五）等出席军地座谈会

三十五、标本兼治，遏制“偷渡外逃”狂潮

治理“偷渡外逃”，是广东长期没有解决的老大难问题，也是习仲勋主政广东遇到的一项重大挑战。

1978 年 7 月，习仲勋在广东华侨农场调研

有资料显示：从20世纪60年代到70年代广东全省陆续跑到香港的内地群众多达15万，仅宝安一个县就跑了4万多人。以沙头角公社为例，人口不到1200人，解放以来跑到香港的有2400多人，相当于现有人口的两倍，留下的是老弱病残和妇女，很多人被遣返后又紧接着外逃。

习仲勋对偷渡外逃问题的反思

1978年7月上旬，习仲勋来到毗邻香港的宝安县。当时，正是炎热难耐的夏天，他顶着酷暑，沿着边境线一路察看。边境村庄根本就看不到年轻人的身影。在南岭村调研时他了解到，这个村庄原有600多人，500多人外逃香港，十室九空，荒草萋萋。在沙头角附近，路边有两个人被捆着扔在那里，习仲勋不解地问是怎么回事。陪同他视察的宝安县委书记方苞回答："那就是外逃的，外逃不出去给边防军抓到了，还没有时间马上给押回去，边防军还要在那里继续抓别的人。"

习仲勋坚持要去收容站看看。方苞回忆："莲塘的收容站关押的都是汕尾、汕头的外逃人员，几十个人关在那里。仲勋同志就问他，你为什么要外逃。这些农民也不知道他是什么人，有什么话就说什么话，说我在家里面苦啊，在香港能挣钱啊，还是那边好，所以我们就到那边去。"

一路所见所闻让习仲勋心情非常沉重。

当方苞陪同他考察了两家来料加工厂后，习仲勋深有感

1978 年 7 月，习仲勋在广东梅县卷烟厂考察

触，他说：“沙头角怎么搞上去，你们要优先考虑。一条街两个世界，他们那边很繁荣，我们这边很荒凉，怎么体现社会主义的优越性呢？一定要想办法把沙头角发展起来。”他还说：“我看主要还是政策的问题，只要政策搞对头了，经济很快就可以上去。这里是我们国家的南大门，你们要给国家争得荣誉，让外国人进来就看到社会主义的新气象。”

习仲勋态度明确地告诉大家，诸如过境耕种土地、让香港资本家进设备采沙石出口、吸收外资搞加工业、恢复边境小额贸易等问题要“说办就办，不要等”。他说：“只要能把生产搞上去的，就干，不要先去反他什么主义。他们是资本主义，但有些好的方法我们要学习。”他还进一步鼓励道：“香港市场需要什么，什么可以多挣外汇，你们就养什么、种什么。”

先干起来，先富起来，“不要先去反他什么主义”，这些话在方苞等人听来真是石破天惊。而这也正是习仲勋此行为治理

1978年8月，习仲勋在广东惠阳农村调研。左一为习近平，他当时在清华大学学习，利用暑假到广东参加社会实践活动，随同父亲一起下乡

偷渡外逃找寻到的一剂根治的“良方”！

然而，冰冻三尺非一日之寒。偷渡外逃在1978年下半年更加严重起来。10月14日至18日，广东省反偷渡外逃座谈会在汕头召开，会议提出必须切实加强对反偷渡外逃斗争的领导，积极搞好生产，发展经济，提高人民生活水平，以及严格边防管理，加强堵截等措施。

在省委常委会上，习仲勋旗帜鲜明地表态：所谓偷渡外逃，不是什么阶级斗争，都属于人民内部矛盾。香港也是中国的土地，群众生活过不下去，往香港跑，应该叫“外流”，不能叫“外逃”！

大批群众偷渡外逃，给收容工作带来极大困难，在很小的房子里就挤进去一两百人，坐都坐不下。1979年1月至6月初，深圳收容站已超过10万人，比上年全年总数增加了一倍。习仲勋愧疚地说：“不能把外流的群众当作敌人，你们要把他们统统放走。不能只是抓人，要把我们内地建设好，让他们跑来我们这边才好。”

6月14日，国务院和中央军委发出《关于坚决制止广东省大量群众偷渡外逃的指示》。习仲勋于17日、18日连续两次主持召开省委常委会议，研究部署反偷渡外逃工作，并成立了反偷渡外逃10人领导小组，习仲勋亲任组长。他坚持不能将所谓偷渡外逃的群众当作“敌我矛盾”来处理，甚至在反偷渡外逃最紧张的时候，下令释放了大批被关押的群众。

1978 年 8 月，习仲勋在广东博罗县调研。前排中间站立者为习近平

20 日，习仲勋在惠阳地委反偷渡外逃会议上强调，解决偷渡外逃问题的方针，要治标治本并举。治本，就是要从物质基础上、精神上和组织上，为巩固社会主义阵地和制止外逃创造牢固的条件，只要生产上去了，收入增加了，就可以大大减少外逃。

7 月 7 日，习仲勋致电国务院副总理李先念、陈慕华并中央，报告上年底以来发生的这股偷渡外逃风已经得到遏制，他还提出要改进收容工作，不能把外逃人员当作犯人对待。

习仲勋在惠阳地委常委会上讲话

8 月 27 日，广东省委发出《关于进一步做好反偷渡外逃工作的指示》，要求各级党委把反偷渡外逃作为一项长期的政

1987 年 2 月 14 日，离开广东七年之后，习仲勋在深圳南岭村了解农民生活状况，对广东改革开放后农村出现的变化感到欣慰

治任务，“贯彻治本治标并举，以治本为主的方针”，切实改进收容遣送工作，帮助群众解决存在的困难。

与此同时，在习仲勋和广东省委几番争取之下，中共中央和国务院下发了 50 号文件（1979 年 7 月 15 日），决定在深圳等地试办特区。以此为标志，中国经济特区正式起航，“生产上去了，收入增加了”，“偷渡外逃”风潮随之销声匿迹。

三十六、向中央“要权”，让广东“先走一步”

1979年4月8日下午，中央工作会议期间（4月5日至28日），华国锋和李先念、胡耀邦等人参加中南组讨论。习仲勋在主持讨论时作了系统发言，郑重提出了请中央给广东

凝望南海

1978 年 8 月 5 日，习仲勋在惠阳地区调查研究

放权的要求。

在谈了经济管理体制存在权力过于集中等问题后，他直截了当地说：“广东邻近港澳，华侨众多，应充分利用这个有利条件，积极开展对外经济技术交流。我们省委讨论过，这次来开会，希望中央给点权，让广东先走一步，放手干。”他形象地比喻道：“‘麻雀虽小，五脏俱全’，广东作为一个省，是个大麻雀，等于人家一个或几个国。但现在省的地方机动权力太小，国家和中央部门统得过死，不利于国民经济的发展。我

1978 年 12 月，习仲勋在广东省委工作会议上讲话。左为刘田夫

习仲勋：希望中央给点权，让广东先走一步，放手干

们的要求是在全国的集中统一领导下，放手一点，搞活一点。这样做，对地方有利，对国家也有利。”并进而大胆假设：“如果广东是一个‘独立的国家’（这当然是借用的话），可能几年就上去了，但是在现在的体制下，就不容易上去了。”

这是习仲勋代表广东 5600 万人民的迫切希望，第一次正式提出“希望中央给点权，让广东先走一步”的请求。早在该年 1 月，叶剑英回到广东时，就曾对习仲勋等广东负责同志焦虑地说：“我们家乡实在是太穷啊，你们快想办法，把经济搞上去！”

约5个月前，在1978年11月中旬召开的中央工作会议上，习仲勋在发言中就明确提出希望中央多给地方处理问题的机动余地，允许广东在香港设立办事处、吸收港澳和华侨资金、引进先进技术和设备，授权广东在来料加工、补偿贸易等方面决断处理的设想。这其实已经表达出了“要权”的心声，也和邓小平此时提出的允许“先富”和“权力下放”的观点不谋而合。

1979年4月17日，中央政治局召开各组召集人汇报会，华国锋和邓小平等人参加。习仲勋在汇报中再次讲道：“我们

1979年，习仲勋与叶剑英在海南

1979年6月，广东省委召开三级干部会议，习仲勋传达了中央同意广东在改革开放中先走一步的请求。图为习仲勋和叶剑英、许世友、杨尚昆手挽手走进会场

省委讨论过，这次开会来，希望中央给点权，让广东能够充分利用自己的有利条件先走一步。”并再一次大胆假设：“广东要是一个‘独立国’的话，一定会超过香港。”同时，更进一步提出，广东打算仿效外国加工区的形式，进行观察、学习、试验，运用国际惯例，在毗邻港澳的深圳市、珠海市和重要侨乡汕头市划出一块地方，单独进行管理，作为华侨、港澳同胞和

外商的投资场所，按照国际市场的需要组织生产，初步定名为“贸易合作区”。

“要权”、“先走一步”和设立“贸易合作区”得到了中央主要领导同志的积极响应和纷纷赞同。邓小平插话说：“广东、福建实行特殊政策，利用华侨资金、技术，包括设厂，这样搞不会变成资本主义。因为我们赚的钱不会装到华国锋同志和我们这些人的口袋里，我们是全民所有制。如果广东、福建两省八千万人先富起来，没有什么坏处。”

习仲勋在这次中央工作会议上为“先走一步”而“要权”、

1980 年 8 月底至 9 月初，习仲勋在广东湛江视察农田水利建设

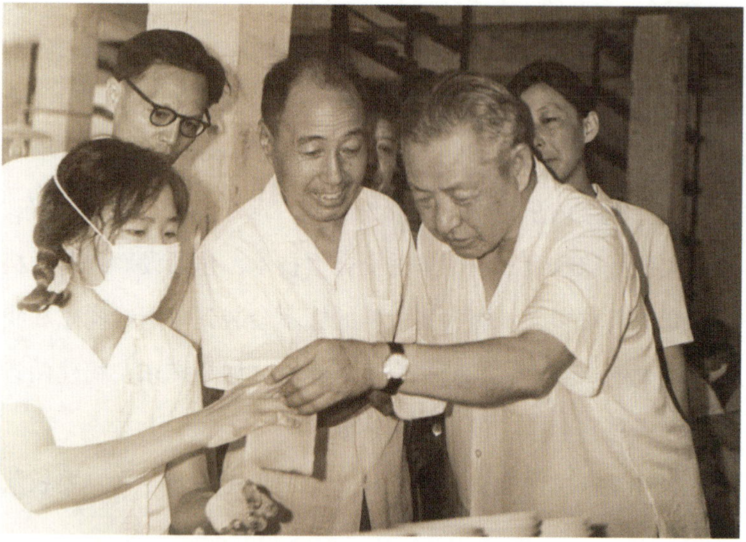

习仲勋在广东积极探索国有企业改革的路子，支持并推广“清远经验”，扩大企业自主权，提高企业生产效率。图为习仲勋考察企业，了解企业生产和改革情况

1980 年 8 月底至 9 月初，习仲勋在广东湛江农村视察时与青年交谈

提出设立“贸易合作区”的设想，历史地看，这正是随后在广东和福建“两省对外经济活动实行特殊政策、灵活措施”和建立深圳等4个经济特区的第一声呐喊！

没有调查就没有发言权。习仲勋的足迹遍及广东的山山水水，他反复思考的中心问题就是如何把广东的四化建设搞得快一些，并清醒地认识到必须充分发挥毗邻港澳这个优势。

在宝安县考察时，县委书记方苞告诉他，有很多偷渡到香港的人，找到工作后很快就可以寄钱回家，一两年家里人就可

1980年8月底至9月初，习仲勋在湛江地区看望受灾群众

1979 年 11 月 22 日至 12 月 6 日，习仲勋率广东省友好代表团访问澳大利亚。图为习仲勋在澳大利亚考察铁矿生产

以盖起新房。

在普宁县，他看到三个人拉一张犁耕地，感到非常难过。他说:“解放 29 年了，还是刀耕火种时代的耕作水平!”

习仲勋连着两次在中央工作会议上提出“授权”和“要权”以能“决断处理”涉及经济改革的诸多问题，其迫切的心情溢于言表。中央工作会议一结束，习仲勋就立即赶回广东，向省委常委传达会议精神和向中央“要权”的经过。他特别强调:

“广东要求先走一步，不光是广东的问题，是关系到整个国家的问题，是从全局出发的。”他义无反顾地说：“广东这事，今天不提明天要提，明天不提后天要提。中国社会发展到现在，总得变，你不提，中央也会提。拼老命我们也要干。”

对于习仲勋向中央“要权”以“先走一步”，叶剑英深表支持。1979 年 6 月 1 日，在广州接见参加三级干部会议的地、市、县委书记时，他勉励道：“广东搞好了，可以推动全国、促进全国，搞不好，也会搞乱全国。所以，这很重要，同志们要努力。”

1979 年 12 月，习仲勋在香港访问考察时参观证券公司

三十七、倡建特区，“杀出一条血路”

经济特区的提出和创办，是和习仲勋的名字紧紧联系在一起的。1978年春夏之交，国家计委和外贸部组成的考察组在香港、澳门考察后，向广东建议把宝安、珠海两县改为省辖市，发展建材和来料加工等。习仲勋等省委负责同志明确表示支持并开始积极筹划。

当年10月，广东向国务院上报了《关于宝安、珠海两县外贸基地和市政规划设想》，提出了“三个建成”的目标，即将宝安和珠海建成有相当水平的出口商品基地、吸引港澳旅客的旅游区和新兴的边防城市。

1979年1月6日，广东又和交通部联名向国务院呈报了《关于我驻香港招商局在广东宝安建立工业区的报告》。1月23日，广东将宝安县改为深圳市、珠海县改为珠海市，开始着手建立出口基地。3月5日，国务院同意两县改为省辖市。

习仲勋在和分别赴任深圳、珠海的张勋甫、吴健民谈话时，鼓励他们要使这两个地方的老百姓先富起来。据第一任深圳市委书记张勋甫回忆：“他召集我们书记班子，叫我们

主政广东时期的习仲勋

两个人提出意见，提出班子。由我当第一把手，第二把手方苞……他早就说，你必须搞好生活，必须使人民富起来，才能够解决偷渡逃跑的问题。如果光采取截的方式，不叫人家跑，人家今天不跑明天跑，明天不跑后天跑，他还是要跑。他说老百姓讲得很清楚，因为那边富。所以我们搞了一个先富区，有习老支持，搞了一个先富区。”在习仲勋的支持下，悄然试水的“先富区”正是经济特区在实践中的“先走一步”。

而“特区”一词再次登上中国历史的大舞台，还缘于

1978年7月，习仲勋在宝安县考察时，要求建立外贸商品生产基地。图为习仲勋与广东省计委副主任张勋甫（左一）等合影，右二为齐心

习仲勋同邓小平之间的一次著名的对话。

中央工作会议期间（1979年4月5日至28日），习仲勋先向华国锋和中央政治局常委们作了汇报，随后又专门向邓小平详细汇报在深圳、珠海和汕头准备建设“贸易合作区”的设想。习仲勋介绍说究竟叫什么名字一时还定不下来，大家认为叫“出口加工区”与台湾的叫法雷同，叫“自由贸易区”又怕被认为是搞资本主义，最后只

邓小平：还是叫特区好，陕甘宁开始就叫特区嘛

1979 年新春，习仲勋在广东四会县田间地头看望农民群众

1979 年 6 月，习仲勋在珠海考察。左一为珠海市委书记吴健民

好暂时定名叫“贸易合作区”。邓小平对习仲勋说：“还是叫特区好，陕甘宁开始就叫特区嘛！”邓小平在随后的谈话中鼓励习仲勋放手干。邓小平说：“中央没有钱，可以给些政策，你们自己去搞，杀出一条血路来。”

习仲勋在土地革命时期，不到 20 岁就投身创建陕甘边根据地。抗战初期，习仲勋为陕甘宁特区（后称边区）把守南大门，在关中特区任书记时与邓小平有过一段交往。这段关于特区的对话发生在他们之间有历史的必然性。

“杀出一条血路”，意味着观念的突破和体制的变革，必须要有大无畏的英雄气概，必须要有一往无前的开拓勇气，必须要有公而忘私的担当精神。对此，习仲勋的谈话掷地有声：“拼老命也要把广东这个体制改革的试点搞好。”

油画《习仲勋与邓小平在 1979》（作者：廖晓明）

1979年5月中旬，国务院副总理谷牧率领中央工作组抵达广州。习仲勋等广东省负责同志就起草向中央和国务院的报告同谷牧深入地交换了意见，共同讨论拟定了具体内容。之后，在6月6日，广东省委向中共中央和国务院上报了《关于发挥广东优越条件，扩大对外贸易，加快经济发展的报告》。6月9日，福建省委也提出了类似的报告。7月15日，中共中央、国务院即发文批转了两个报告，这就是广东干部群众盼望已久的50号文件。文件指出：“对两省对外经济活动实行特殊政策

1980年春，习仲勋和叶剑英（右二）、胡耀邦（右一）、杨尚昆（左一）在一起座谈

习仲勋与谷牧在一起

1980年春，习仲勋在广州参加义务劳动

和灵活措施，给地方以更多的主动权，使之发挥优越条件，抓住当前有利的国际形势，先走一步，把经济尽快搞上去。这是一个重要的决策，对于加速我国的四个现代化建设，有重要的意义。”

曾任国务院副秘书长、50 号文件起草人之一的李灏回忆：“我们工作组来的时候，习仲勋同志亲自到火车站去接，我还记得当时的情景，你就知道当时对谷牧副总理带来那个组的重视。50 号文件的制定，就跟习老在十一届三中全会，特别是工作会议上的大声呼吁，慷慨陈词，要给我们广东省，放手让我们广

1980 年，习仲勋与叶剑英（左一）、聂荣臻（左二）等在广东

1980年6月4日至7日，习仲勋访问澳门时与澳门总督埃吉迪奥（前排右四）、梁威林（前排右三）、霍英东（前排左一）、马万祺（前排左三）、何贤（前排左四）等合影

东省去做是分不开的。改革开放先走一步，这个起了最重要的作用。”

9月21日，习仲勋在全省地委书记会议上就贯彻中央50号文件作出明确指示。他说：“广东要从全国的大局出发，把这件事搞好。现在不是搞不搞的问题，也不是小搞、中搞，而是要大搞、快搞，不能小脚女人走路。”他满怀信心地指出：“形势逼人，我们要全力以赴，一定要在如何把对外经济活动搞活和办好特区等方面闯出一条路子来，作为全国的参考。”

如何才能“杀出一条血路”？他指出：“在态度上我看要有‘三要’和‘三不要’：第一，要有决心有信心，不要打退堂鼓；第二，要有胆识，勇挑重担，不要怕犯错误，怕担风险；第三，要有务实精神，谦虚谨慎，不要冒失，不要出风头，不要怕否定自己。特别是我们各级领导干部，拼老命也要把广东这个体制改革的试点搞好。”他还说：“我相信，在中央的领导下，只要我们认真对待，努力工作，50 号文件一定能贯彻执行好，我们一定会在经济管理体制改革的试验中，走出一条路子来。”同时，他语重心长地提醒大家：“当我们开步走的时候，困难会很多，阻力会很大，甚至还可能挨一点骂，要有这个精神准备。”

12 月 17 日，谷牧在北京京西宾馆主持召开广东、福建两省会议。谷牧说：“习仲勋同志讲过，如果广东是一个‘独立国’，保险发展快。现在基本上半独立了，要看你们的戏了。中央一些部门思想解放不够，我们继续做工作，你们的筋斗也要翻起来。”

1980 年 3 月 24 日至 30 日，谷牧在广州再次主持召开两省负责人会议，检查总结中央 50 号文件贯彻执行情况，会议形成了《广东、福建两省会议纪要》。《纪要》将“出口特区”正式定名为“经济特区”。

李灏回忆说：“当时仲勋同志在十一届三中全会，特别是第二年中央工作会议上，他的发言，他的主张，起了很重要的

1980 年秋，习仲勋和杨尚昆（左一）调任中央工作前夕，与前来接任的任仲夷（右一）等同志一起坐车前往中山纪念堂

作用。是什么意思呢？因为中国的改革开放，工作重心的转移，是不是要全面地去铺开？还是要有一个地方先走一步？先做试验？这个也是很重要的一件事。”

8 月 26 日，第五届全国人大常委会第 15 次会议通过了《广东省经济特区条例》，深圳等经济特区至此完成了奠基礼。创建经济特区，“杀出一条血路”，无疑是改革开放初期最重要的一个“阿基米德支点”，它撬动了旧的体制，也撬开了历史新的篇章。

为了使新生的经济特区展开腾飞的双翼，习仲勋决定再一次向中央“要权”。1980 年 9 月 24 日至 25 日，胡耀邦主持召开中央书记处会议。24 日上午，习仲勋和杨尚昆、刘田夫向中央书记处汇报了广东特别是深圳、珠海特区的工作，同时再次向中央提出给广东更大的自主权，允许广东参照外国和亚洲“四小龙”的成功经验，大办经济特区。

9 月 28 日，中共中央印发了《中央书记处会议纪要》。《纪要》明确指出：“中央授权给广东省，对中央各部门的指令和

1980 年 10 月 20 日至 11 月 6 日，习仲勋率领中国省长代表团访问美国。右为代表团副团长宋平

1980年10月20日至11月6日，习仲勋率领中国省长代表团访问美国，参观迪斯尼乐园

1980年10月20日至11月6日，习仲勋率领中国省长代表团访问美国，参观科罗拉多州钼矿企业

1980 年 10 月 20 日至 11 月 6 日，习仲勋率领中国省长代表团访问美国，参观北美防空司令部

要求采取灵活办法，适合的就执行，不适合的可以不执行或变通办理。”这是习仲勋在当年 11 月奉调进京之前，为广东争取到的一把“尚方宝剑”。

习仲勋主政广东虽然只有两年零八个月，但他始终心系岭南这块热土，对那些在改革开放中作出贡献的老同志、老部下念念不忘。

1983 年冬，任仲夷从广东到北京动手术，习仲勋指示医院全力以赴给予治疗，在做手术那天还亲自到医院守候，直到手术顺利完成才离去。20世纪90年代末期，已是耄耋之年的习仲勋得知曾任广东省省长的刘田夫生病住院，他提出前去看望。当时身边有工作同志劝说老人派一位同志去慰问。他说，这都是为改革开放作出过贡献的老同志，没有这些同志的共同努力就没有改革开放的大好局面。他执意亲自前往广州看望刘田夫。

2000年7月2日，习仲勋在刚竣工不久的深圳滨海大道留影

三十八、重返中南海

1980年八九月间召开的五届全国人大三次会议补选习仲勋为全国人大常委会副委员长。11月，中央决定习仲勋调回北京工作。

从1978年4月算起，习仲勋主政广东的时间虽然只有两年零八个月，但在历史的重要转折关头，在引领风潮的祖国南大门，他奋力开拓、勇于担当，力争先走一步，倡建经济特区，以惊人的胆识和非凡的勇气谱写了中国改革开放交响曲的第一乐章。

1981年6月，习仲勋在十一届六中全会上

1981年3月28日，中央决定，习仲勋参加中央书记处工作，协助

1981 年，中共中央书记处成员合影。左起：习仲勋、方毅、谷牧、杨得志、胡耀邦、万里、姚依林、余秋里、王任重

胡耀邦总书记负责中央书记处的日常工作。而十一届五中全会成立的中央书记处到十三大之前是主持中央日常工作的。据胡启立回忆，为了方便领导，书记处专门成立了临时领导小组，由胡耀邦任组长，习仲勋任副组长，许多日常工作都由习仲勋负责处理。

6 月下旬，十一届六中全会增选习仲勋为中央书记处书记，分工负责中央书记处常务工作，并负责中央办公厅、中央组织部、中央统战部、中央调查部等部门。他在发言中说：“今

习仲勋重返中南海

年3月底，中央通知我参加中央书记处的工作，我对耀邦同志讲过，我将竭尽全力，做一点力所能及的事，帮帮忙，在有生之年，力争为党多做一点工作，以不辜负党中央对我的信任及期望。现在我仍然是这个态度。我并且准备随时让贤与能。”

1982年9月，习仲勋在十二届一中全会上当选中央政治局委员、中央书记处书记。虽然在十二大召开之前，他就提出不再参加新一届中央书记处的请求，建议另选年富力强的同志肩负重任，但中央考虑到习仲勋德高望重，政治经验丰富，决定他继续担任中央书记处书记。

第十二届中央书记处由习仲勋与胡启立负责书记处的日常工作，习仲勋分工同十二大之前一样，仍分管中央办公厅、中央组织部、中央统战部，负责干部、人事、统战、民族宗教、工青妇工作，并联系全国人大、全国政协和中央纪委。

从1981年起，习仲勋与胡耀邦共事长达6个年头。胡启立说:“正值改革开放之初，小平同志作为改革开放的总设计师，高瞻远瞩；耀邦等同志全力推进；仲勋同志旗帜鲜明，态度坚决，是改革开放的坚定拥护者和积极推动者。耀邦同志对他非常信任，把许多大事情交给他办理。”

摆在习仲勋面前的一项紧迫任务就是领导中直机关机构改革和推进省级领导班子年轻化，实现干部新老交替。1981年10月15日，中央书记处第127次会议决定：中央机关机构改革由胡耀邦、赵紫阳主持，中直机关机构改革由习仲勋牵头，

习仲勋在读书

习仲勋在中南海勤政殿办公室工作

国务院机关机构改革由万里牵头。1982 年 1 月 28 日，中央书记处又决定，中直机关机构改革由习仲勋总负责，包括中央办公厅、中央调查部、中央书记处研究室、中央党校、全国总工会、共青团中央、全国妇联、全国人大常委会机关等单位。

习仲勋一个单位一个单位地调查研究，按照各个单位的特点精心组织、分类指导，具体落实各项改革措施。他经常与部门领导和有关干部谈话，耐心做好思想工作。他反复讲，要通过机构改革，采取适当的过渡办法，逐步废除干部领导职务

1982 年 1 月，习仲勋在云南农村调查研究

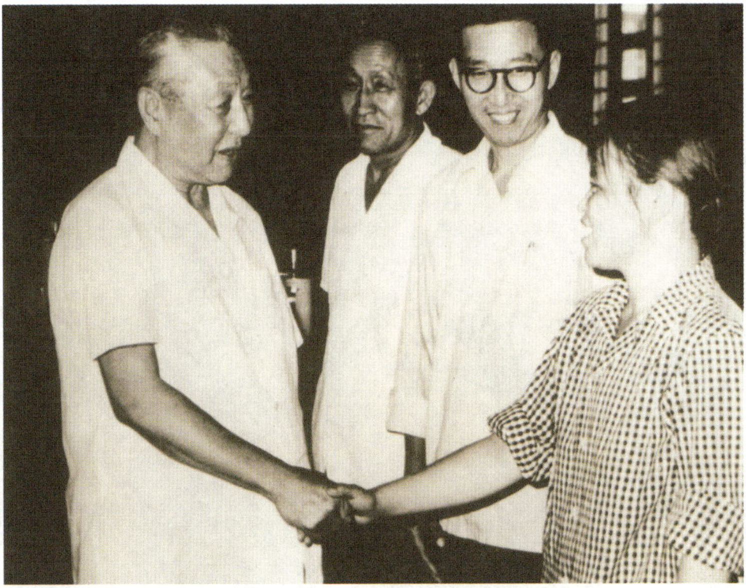

1982年9月，习仲勋接见党的第十二次全国代表大会代表、西安修脚女工于素梅

终身制，建立有利于大量培养、选拔优秀的中青年干部到各级领导岗位的新制度，保证我们党和国家的事业继往开来、持续发展。

习仲勋特别关注新班子的建设和年轻干部的成长。在接见安全部新领导班子时，他鼓励说："你们要鼓起勇气，挑起担子，事情就是压出来的，要主动挑担子。"

1983年春节前后，中央安排习仲勋到南方休假，他却选择到福建等地进行专题调研。2月17日，习仲勋在和厦门市领导干部座谈时说："对青年人，把担子放在他们身上才能锻

1983 年 2 月，习仲勋在福建厦门港口考察

炼出来，不压担子，永远也不行。”他还就如何培养年轻干部提出要求：“从今年开始，各省、市、自治区每年都要从大学毕业生中挑选一批，不是让他们坐机关，而是让他们下去，到一个公社去，到一个大队去，到一个工厂去，锻炼几年，然后逐步地择优选拔到各级领导岗位上来。”

从 1981 年秋开始到 1983 年春结束，第一轮全国机构改革顺利完成，建立了正常的干部离退休制度。在习仲勋的努力下，中直机关局级机构总数减少 11%，工作人员总编制缩减 17.3%，各部委的正副职减少 15.7%，新班子中新选拔的中青年干部占16%，平均年龄由64岁降到60岁。

习仲勋在领导中直机关机构改革和省级领导班子调配中坚持原则、公道正派，得到中央充分肯定。1983年4月14日，中央决定：以后凡各省市自治区人大、政协副职配备的报告，不必再提交书记处讨论，由中央组织部报习仲勋、胡启立同志批准即可。恰在此时，中共陕西省委负责同志在汇报干部调配工作时，谈到拟提拔的副省级干部中有习仲勋的胞弟习仲恺，习仲勋立即否定了这一方案。习仲恺是抗战前即参加工作的老

1983年2月，习仲勋视察湖南时与随行人员在韶山毛泽东故居前合影留念。前排右四为时任湖南省委书记毛致用，右三为时任中央书记处研究室主任王愈明

1985 年 4 月 20 日，习仲勋与邓小平（左一）、邓颖超（右二）等出席中国人民的忠诚朋友、全国政协常委伊斯雷尔·爱泼斯坦（右三）70 寿辰及在华工作 50 年招待会

同志，长期担任地市一级的领导职务，提拔使用也是正常的组织行为。但习仲勋认为做干部工作必须以身作则，说服弟弟把晋升的机会让给了别的同志。

参与领导整党，是习仲勋协助胡耀邦工作的另一项重要工作。中央决定从 1983 年冬季开始，用 3 年时间分期分批进行整党。中央整党工作指导委员会由胡耀邦任主任，万里、余秋里、薄一波、胡启立、王鹤寿任副主任，王震、杨尚昆、胡乔木、习仲勋、宋任穷任顾问。虽然只是顾问，但由于习仲勋在书记处的特殊位置，整党工作基本上由他和薄一波具体领导进行。

1984年5月22日到6月12日，习仲勋先后到上海、浙江、江苏、山东进行调研。每到一地，他都仔细听取汇报，与基层同志座谈交流。他对各地好的做法及时给予充分肯定，同时对大家反映的问题逐一进行说明，一起探讨问题的症结所在和解决办法。关于选拔年轻干部，他在上海调研时指出，亲疏之别可以有，但亲疏之分千万不能搞，任人唯贤，光明正大，公道正派，要搞五湖四海。关于整党目的，他在江苏调研时指出：

1985年5月，习仲勋接见大学毕业生先进代表。右一为胡乔木，右二为彭冲

一定要通过整党促进经济，促进改革，促进开放。

习仲勋于6月20日向中央书记处提交了《关于华东一市三省之行的报告》。他认为第一期整党工作做得好坏对今后影响很大，绝不可操之过急，搞“夹生饭”。同时建议应逐步向地市县和基层展开。他还指出，新的领导班子需要充实、加强，建立第三梯队的工作必须抓紧抓好。胡耀邦批示将习仲勋的报告转各省、市、自治区和整党指导委员会参阅。

落实政策是开创统战工作新局面的前提和基础，也是一项任务繁重、量大面宽的复杂工程。

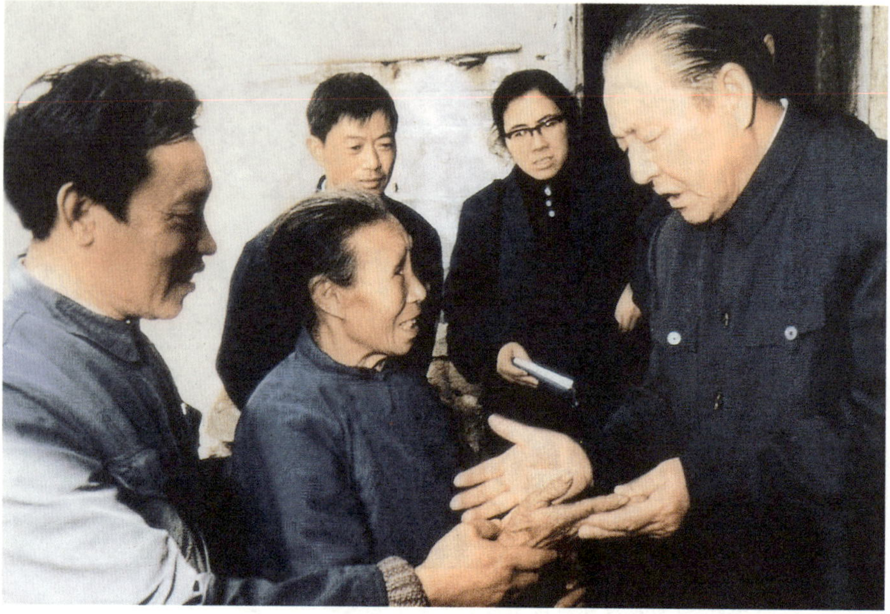

1985年11月，习仲勋在江西农村调查研究，访贫问苦

1987 年 3 月，习仲勋在广东仁化县丹霞村与群众亲切交谈

1981 年 12 月 21 日至 1982 年 1 月 6 日，在习仲勋提议下，召开了第十五次全国统战工作会议。胡耀邦强调统战工作的主要任务就是要狠抓落实政策工作。习仲勋在讲话中特别提到了会议期间著名民主人士胡厥文、胡子昂写给胡耀邦的信，信中就落实统战政策提出了具体意见。他说："信写得非常中肯，也切合当前我们统一战线工作的情况。他们非常谦虚，我们要学他们这个好作风。五十年代初，我们反对的就是我们有些共产党员盛气凌人，总觉得比人高一等，这是不好的。"

1983 年 9 月 15 日，胡耀邦就落实统战政策问题致函习仲勋：

落实政策，特别是落实党外朋友、归侨政策这件大事，需要请你代表书记处来抓。11月，胡耀邦又提出：落实党外人士政策看来要组织一个班子，用一两年时间去各地巡回检查落实。根据胡耀邦的指示，中央于1984年初成立了落实政策小组，由习仲勋担任召集人。

1984年7月6日，习仲勋主持召开了中央落实政策小组扩大会议。当年底，清退查抄财物工作基本处理完毕。

这项落实政策工作历经数年，涉及各个方面，牵涉到上千万家庭和个人，在胡耀邦和习仲勋主持领导下，到1986年基本完成，对拨乱反正，促进社会稳定有着重大的意义。

1982年12月4日，习仲勋主持五届全国人大五次会议

齐心同志回忆："1980 年 11 月底，仲勋调回北京后出任五届全国人大副委员长、政治局委员、中央书记处书记。特别是在协助耀邦同志工作期间，白天勤政殿的工作结束后，回家还要继续接待来自各地的要求落实政策的同志。由于长年养成的'当天事当天做完'的习惯，所以，仲勋仍然要工作到深夜。"

1985 年 9 月，在十二届五中全会上，习仲勋第二次郑重

1981 年 9 月，习仲勋陪同瑞典国王卡尔十六世·古斯塔夫（左二）在西安参观访问

1983年11月23日至12月3日，习仲勋率领中国共产党代表团访问法国。左三为代表团副团长乔石

提出不再担任中央书记处书记，为年富力强的同志腾出工作岗位。

1988年3月，在七届全国人大一次会议上，习仲勋二度当选为全国人大常委会副委员长，并兼内务司法委员会主任委员。在两届全国人大常委会副委员长的岗位上，习仲勋为坚持和完善人民代表大会制度、加强民主法制建设、开展全国人大和外国议会间的交流交往作出了积极贡献。

习仲勋高度重视国家的法制建设。1982年12月4日，在

习仲勋

五届全国人大五次会议上，全国人大常委会副委员长彭真受叶剑英委员长的委托，代表宪法修改委员会，作了关于宪法修改草案的报告，由习仲勋主持大会，表决通过了修改后的《中华人民共和国宪法》。这部宪法被称为“八二宪法”，成为国家稳定和改革开放的基石，成为建设中国特色社会主义的基石。实践证明，这是一部好的宪法。1953 年，习仲勋即出任中华人民共和国宪法起草委员会委员，参与了新中国第一部宪法的起草制定工作。

习仲勋亲自参与和主持了《行政诉讼法》、《妇女权益保障法》、《未成年人保护法》、《残疾人保障法》等多部法律、条例的起草和审议工作。

习仲勋还为推动我国律师制度的健康发展亲力亲为。20 世纪 80 年代中期，辽宁台安县三名律师因替一件刑事案件辩护被逮捕。律师的合法权益该如何保障？问题最终反映到全国人大常委会，引起习仲勋等几位副委员长对此案的高度重视。最终，在全国人大常委会的监督和干预下，三名律师被无罪释放。1988 年 3 月 26 日，《人民日报》头版发表了评论员文章《律师辩护权不容侵犯》。据司法部原部长邹瑜回忆：“仲勋同志找我谈话，他说一定要迅速见报。当时我们起草了新闻稿，第三天就开人民代表大会了，我连夜打电话给《人民日报》总编，我说委员长有指示，在开人民代表大会期间，一定要见报，最好是头版头条。”

三十九、海纳百川，情系中华

习仲勋是中国共产党统一战线政策的模范执行者和卓越领导者之一。他曾说自己百分之七十到八十的精力都用在了统

1980 年 1 月，习仲勋在广州亲切会见前来参加高能物理理论讨论会的诺贝尔物理学奖获奖科学家杨振宁（右）和李政道（左）

1981 年春，习仲勋在中南海

战工作上。早在创建陕甘边根据地时期，他与刘志丹就积极开展统战工作，争取了许多绿林武装加入红军。抗日战争时期，习仲勋先后主政关中和绥德，为扩大抗日统一战线作出了积极贡献。

20 世纪 80 年代初，面对改革开放新形势，习仲勋在实践和理论两个方面为开创中国共产党的统战工作新局面作出了卓越贡献。1982 年 1 月，在第 15 次全国统一战线工作会议上，习仲勋要求：“各级统战部都要成为党外人士之家，像组织部是干部之家一样，使各民主党派人士、无党派人士、一切党外人士，觉得统战部是他们的家，什么话都可以说，什么问题都可以提出来，什么事都可以商量，他们有困难我们诚心诚意帮他们解决。”

1985年2月，在习仲勋领导下，召开了第一次全国统一战线理论工作座谈会。他在讲话中明确指出：“统一战线包括民族、宗教，是一门科学。它的内容极其丰富繁杂，是一座大可攀登的科学高峰。”并坦承：“统一战线这门科学必须随着实践的发展而继续向前发展，不能停滞和僵化，否则就没有生命力了。”

习仲勋认为身居领导岗位的共产党员，要有大海一样的胸怀和宽宏民主的风度，以至诚之心广交朋友。在他身上最突出的特点就是朋友特别多，而且是党内党外、各族各界、五湖四海，更不乏令人感动的忘年交。除前文所列，还有新疆的包尔汉、赛福鼎，青海的尧西·古公才旦，内蒙的阿拉善旗达理扎雅亲王，宁夏的马腾霭，陕西的杨明轩、茹欲立、赵寿山，甘肃的马鸿宾、贡唐仓活佛，等等。

随时随地帮助解决实际困难是习仲勋的一贯作风。新疆维吾尔自治区人大原副主任玛依努尔是新疆维吾尔族民族领袖阿合买提江·哈斯木的遗孀，她回忆：“习老和齐心大姐一直对我非常关心，每次到北京来都热情地接待我。有一次，我为了出版一本《新疆儿女》画册，因正处于三年困难时期，找不到

1981 年 5 月至 6 月，习仲勋率全国人大代表团访问芬兰、瑞典、挪威、丹麦

铜版纸印刷，到北京跟习老说了这个事情。他那时是副总理，没想到他亲自帮我打电话，很快解决了这个问题。"

20 世纪 80 年代拍摄电视剧《沧海一粟》时，相关部门不断收到来信反对拍摄涉及"人体写真"的"黄色电影"。刘海粟给习仲勋写了一封信并托人送去剧本。仅仅三天后，习仲勋就写好了一幅题词：沧海一粟，壮丽一生。电视剧终于顺利开拍。据阎明复回忆，后来刘海粟提出要去香港定居，也是在习仲勋的亲自关心和过问下，问题才得到圆满解决。

习仲勋特别关心民主党派的新老交替，注意培养年轻干部。他就张治中之子张一纯的工作安排问题亲自找统战部负责同志商谈，认为“要适当安排，或到民革或到北京，可能留在北京市作用大”。他还亲自提议程砚秋夫人果素瑛和梅兰芳的儿子梅绍武担任全国政协委员。

如何做好港澳台同胞、海外侨胞的工作，早日实现祖国统一，是统战工作的重中之重，也是习仲勋经常思考和研究的重要内容。

1983 年 2 月 11 日，习仲勋在福州接见回福建定居的台湾同胞。左二为时任福建省委书记项南

1983 年 12 月 5 日，习仲勋访问瑞士时在日内瓦湖畔

1981 年 5 月至 6 月间，习仲勋出访北欧四国时，在瑞典遇到台湾“行政院”侨务委员会委员长毛松年召开“欧洲华侨代表会议”。开始，使馆不愿意派人参加。习仲勋知道后，爽快地说：“可以多去一些嘛！”并让给毛松年捎口信说“这都是我们国家内部的事情，你们开你们的会，不要打着‘青天白日’旗子到这儿来示威，这就好了”。他还特意嘱咐道：“如果毛松年先生愿意见我，我乐意和他谈。”

习仲勋时刻关注着台胞在大陆的工作和生活。1982 年 4 月，《青运情况》刊发《台籍医生周朗赤诚报国却得不到应有信任》

一文，反映天津河西区医院血液病专家、台胞周朗不受信任，工作得不到支持。他看后，立即批示："如果对这样台湾籍的同胞和同志都团结不好，怎能谈得上广泛开展对台工作？这是对台工作的方针政策问题，务必严肃对待。"

1983 年 12 月 27 日下午，从台湾和国外回祖国大陆定居的部分人士欢聚一堂，共迎新年。习仲勋在与原国民党空军少校、中国人民解放军空军某航校副校长李大维交谈时高兴地说："你现在在陕西工作，我就是陕西人啊！"李大维告诉

1984 年 9 月 28 日，习仲勋与乌兰夫（右一）、第十世班禅额尔德尼·确吉坚赞（右三）、赛福鼎·艾则孜（右四）、杨静仁（右五）等在北京民族文化宫出席党的十一届三中全会以来民族工作展览开幕式

1985年9月2日，习仲勋代表中共中央在九三学社建社40周年大会上讲话。前排左起：萧克、习仲勋、许德珩、乔石、王任重

习仲勋："我是干中学，学中干。该我管的，我就毫不客气地管。"习仲勋连声称赞："非常对！非常好！"

习仲勋提出，统战工作、对台工作，各部门都要做，不仅是统战部，外贸部、商业部、邮电部、外交部也有这个工作，大家共同来做才能做得好，要调动和发挥各方面的积极性。

习仲勋和国民党高层人士陈建中是同乡又是同学。陈建中在台湾曾任"国家统一建设促进会"副理事长、国民党中央评议委员等职，20世纪80年代初期撰文主张两岸停止敌对。

经中央同意，习仲勋指示有关部门促成了陈建中对祖国大陆的访问。1990年10月中旬，习仲勋在统战部有关负责人陪同下，先后四次会见陈建中，介绍祖国大陆改革发展情况和中国共产党的对台方针政策，希望他能对祖国统一大业多做一些有益的工作。在习仲勋建议下，中共中央总书记江泽民也会见了陈建中。陈建中此次对大陆的访问，是当时中共中央与国民党高层人士进行的一次重要接触，在海峡两岸关系史上具有积极意义。

1986年12月3日，习仲勋出席全国统战工作会议并讲话。前排左起：阿沛·阿旺晋美、习仲勋、朱学范、第十世班禅额尔德尼·确吉坚赞、荣毅仁

20世纪90年代中期，习仲勋在深圳会见台湾国民党原中央评议委员陈建中（右一）。左三为夫人齐心，左二为女儿齐桥桥

习仲勋在休养中

2000年2月21日，江泽民在深圳看望习仲勋。右一为时任中共中央政治局候补委员曾庆红

1994年11月12日，习仲勋和胡锦涛在一起

1999年国庆节期间，习仲勋和胡锦涛在一起

1993年3月，习仲勋从领导岗位上退了下来，但一如既往地关心着党和国家的事业。

1999年秋，已是86岁高龄的习仲勋在北京出席了中华人民共和国成立50周年庆典的各项活动，在天安门城楼上观看了盛大的阅兵式和群众游行。

1999 年 10 月 1 日，习仲勋参加中华人民共和国成立 50 周年庆典

1999 年 10 月 1 日晚，习仲勋与江泽民在天安门城楼上合影

50 年前的开国大典，远在西北的习仲勋和彭德怀都没能参加。50 年后，站在天安门城楼上的老一辈无产阶级革命家中，习仲勋是唯一一位建国伊始同时担任过中央人民政府委员会委员和中央人民政府人民革命军事委员会委员的开国元勋。

习仲勋：人民就是江山，江山就是人民

10 月 1 日晚，习仲勋又健步走上天安门城楼观看焰火晚会。晚会开始前，中央领导同志纷纷走上前来看望他，和他紧紧地握手，亲切地交谈，高兴地招呼记者拍照。璀璨绚丽的焰火、载歌载舞的人们，眼前的欢乐景象引起习仲勋无尽的遐思。他饱含深情地对前来问候他的中央领导同志说道：“我们永远不要忘记，人民就是江山，江山就是人民。”

“人民就是江山，江山就是人民”，这是习仲勋的殷切叮嘱，也是一代中国共产党人发自肺腑的心声。

晚年习仲勋

1999 年 10 月，习仲勋与齐心在深圳

习仲勋与儿子习正宁（左）、习近平（右）在一起

习仲勋和外孙女们在一起

2000 年 10 月 15 日，习仲勋和家人在一起

习仲勋和习近平一家。前排左起：彭丽媛、习明泽、习仲勋，推轮椅者为习近平

结 语

2002年5月24日5时34分，习仲勋因病医治无效，在北京逝世，享年89岁。

中共中央在《习仲勋同志生平》中称赞习仲勋是“中国共产党的优秀党员，伟大的共产主义战士，杰出的无产阶级革命家，我党、我军卓越的政治工作领导人，陕甘边区革命根据地的主要创建者和领导者之一”，并作出如下评价：

“习仲勋同志在76年的革命生涯中，对共产主义具有坚定信念，对党和人民、对无产阶级革命事业无限忠诚。他虽几经坎坷，身处逆境，但百折不挠，奋斗不息，他始终坚定地与党中央三代领导集体在政治上保持一致，坚持执行党的基本路线。他孜孜不倦地学习马克思主义，善于运用马克思主义的立场、观点、方法，敏锐地发现问题，解决问题。在关系党和国家前途命运的关键时刻和重大问题上，他坚持原则，立场坚定，旗帜鲜明，把党的利益放在第一位，具有共产党员的坚强党性，为革命和建设事业呕心沥血，鞠躬尽瘁。”

习仲勋不仅是陕甘边区革命根据地的主要创建者和领导者

2005 年 5 月，齐心在北京家中端详习仲勋遗像

之一，也是我国改革开放事业的主要开拓者和推动者之一，而贯穿他一生的伟大精神就是实事求是。

2005 年 5 月 24 日，在习仲勋逝世三周年之际，他的骨灰从北京八宝山革命公墓移回家乡陕西富平县安放。

关中大地是他革命的起点，也是他一生都在牵挂的地方。那天，关中的许多父老乡亲从四面八方赶来，自发地肃立在道路两旁，迎接习仲勋的英灵返回故乡。

多年以后，人们在中央电视台播出的文献纪录片《习仲勋》中看到了这样的情景：

习仲勋魂归故里

载着习仲勋英灵的车队驶进富平，时任中共浙江省委书记习近平抱着父亲覆盖着党旗的骨灰盒，默默注视着窗外肃立在道路两旁的乡亲们。特写镜头中，人们甚至可以看见习近平与亲属们眼中满含着热泪。

习仲勋魂归故里的这一幕，随着纪录片的热播，长久地留在了中国人民的记忆中。

“为什么我的眼里常含泪水，因为我对这土地爱得深沉！”

2005 年 5 月 24 日，陕西富平县的乡亲们自发地在道路两旁迎接习仲勋的英灵返回故乡

2005 年 5 月 24 日，习仲勋的骨灰安放在陕西富平县

艾青的诗句道出了中国人敬仰先贤、热爱脚下这片土地的伟大情感。

翠柏环绕、四季长青的墓园里，矗立着习仲勋的雕像，雕像背面镌刻着习仲勋夫人亲笔录写的“战斗一生，快乐一生；天天奋斗，天天快乐”。

这是习仲勋的座右铭，也是他留给后人的宝贵精神财富。

习仲勋生平大事年表

1913 年　10 月 15 日（农历九月十六），出生于陕西省富平县淡村镇中合村一个普通农家。

1922—1925 年　在都村小学读书。

1926 年　在立诚中学高小部读书。5 月，加入中国共产主义青年团。

1927 年　在富平县立第一高小读书。

1928 年　1 月，在陕西省立第三师范读书。3 月，因参加学生运动被捕。4 月，在狱中转为中共正式党员。8 月，保释出狱。

1930 年　2 月，西去长武投身兵运工作。

1931 年　5 月，接任营委书记。

1932 年　4 月 2 日，与刘林圃等领导发动两当兵变，部队改编为陕甘游击队第五支队，任队委书记。

1933 年　2 月，任共青团三原中心县委书记。3 月，创建以照金为中心的陕甘边区革命根据地，任中共陕甘边区特委委员、军委书记。4 月，当选陕甘边区革命委员会副主席，兼党团书记，兼陕甘边区游击队总指挥部政委。8 月 14 日，与秦武山等在陈家坡主持召开陕甘边党政军联席会议。

1934 年　任陕甘第二路游击队总指挥部队委书记，创建以南梁为中心的陕甘边区革命根据地。当选陕甘边区革命委员主席、苏维政府主席，兼陕甘边区军政干部学校政委。

1935 年　任中共西北工委委员。10 月，遭遇错误肃反，被逮捕关押。

1936 年　任关中特区苏维埃政府副主席兼党团书记、中共关中工委书记。9 月，第二次南下关中，任中共关中特委书记。

1939 年　任关中分区行政督察专员公署专员。

1940 年　任中共陕甘宁边区中央局委员。

1941 年　任中共陕西省委委员、警一旅兼关中分区警备司令部政委。

1942 年　任西北党校校长。

1943 年　1 月 14 日，毛泽东为他题词："党的利益在第一位。" 2 月，任中共绥德地委书记兼警备司令部政委。

1944 年　4 月 28 日，与齐心在绥德地委驻地九贞观结婚。

1945 年　当选中共第七届中央候补委员、任爷台山反击战临时指挥部政委、中共中央组织部副部长、兼陕甘宁晋绥联防军代政委。10 月，主持中共西北中央局工作。

1946 年　6 月，任中共西北中央局书记。

1947年　2月，任陕甘宁野战集团军政委。7月，任陕甘宁晋绥联防军政委、西北人民解放军野战军副政委、中共西北野战军前委委员。

1948年　11月，陕甘宁晋绥联防军区改称西北军区，任政委。

1949年　2月，西北野战军改称中国人民解放军第一野战军，任副政委，当选为陕甘宁边区参议会代理议长。6月，任中共中央西北局第三书记。9月30日，当选中央人民政府委员会委员。10月19日，任中央人民政府人民革命军事委员会委员。11月，任第一野战军暨西北军区政委。12月，被任命为西北军政委员会副主席。

1950年　2月，任中共中央西北局第二书记。3月，任西北军区政委。10月，彭德怀赴朝指挥作战后，主持西北党政军工作。

1951年　12月14日，代表中央人民政府和毛泽东主席，为即将进藏的第十世班禅额尔德尼·确吉坚赞送行。

1952年　8月，任政务院文化教育委员会副主任。9月，任中共中央宣传部部长。11月，兼国家计划委员会委员。

1953年　9月，任政务院秘书长。

1954年　9月，被任命为国务院秘书长。

1955年　1月，兼国务院机关党组书记。

1956年　9月，出席中共第八次全国代表大会，当选为中共八届中央委员。

1959年 4月，二届全国人大一次会议上被任命为国务院副总理兼秘书长。

1962年 9月，在中共八届十中全会上受康生诬陷，以所谓“小说《刘志丹》问题”被立案审查。

1963—1964年 在中央直属高级党校“学习”，接受审查。

1965年 12月，下放洛阳矿山机器厂，任副厂长。

1968年 1月，经周恩来安排，被中央办公厅接回北京由卫戍区监护。

1972年 冬，经周恩来安排，在监护中与分离七年之久的家人相见。

1975年 5月，解除监护，到洛阳耐火材料厂“休息养病”。

1978年 2月，以特邀委员身份出席全国政协五届一次会议，当选全国政协常委。4月，任中共广东省委第二书记、省革委会副主任。12月，任中共广东省委第一书记、省革委会主任；在中共十一届三中全会上被增选为中央委员。

1979年 3月，兼中共广东省委党校校长。4月，出席中央工作会议，提出希望中央给点权，让广东在改革开放中先走一步。7月15日，中共中央、国务院正式批转同意广东在对外经济活动中实行特殊政策、灵活措施，决定在深圳、珠海试办出口特区。8月，中共中央批转中央组织部《关于为小说〈刘志丹〉平反的报告》。12月，任广东省省长。

1980年　1月，兼广州军区第一政委。2月，中共中央发出《关于为所谓“习仲勋反党集团”平反的通知》。9月，在五届全国人大三次会议上被补选为全国人大常委会副委员长。11月9日，调中央工作。

1981年　3月，参加中共中央书记处工作。6月，在中共十一届六中全会上当选为中央书记处书记。11月，兼任法制委员会主任委员。

1982年　9月，在中共第十二次全国代表大会上当选为中央委员。后当选为中央政治局委员、中央书记处书记，负责中央书记处日常工作。

1985年　9月，在中共十二届五中全会上辞去中央书记处书记职务。

1988年　3月，在七届全国人大一次会议上当选全国人大常委会副委员长，兼内务司法委员会主任委员。

1990年　7月，出任第一野战军战史编审委员会主任委员。

1995年　12月，《习仲勋文选》出版。

2002年　5月24日5时34分，因病在北京逝世，享年89岁。

（本书所采用部分图片由新华社、中央新影等单位以及习仲勋同志亲属和身边工作同志提供，在此一并表示感谢）

六集文献纪录片

《习仲勋》

第一集
烽火陕甘

第二集
纵横西北

第三集
国事春秋

第四集
主政南粤

第五集
勤政岁月

第六集
海纳百川

视频索引

责任编辑：朱云河
封面设计：林芝玉
版式设计：汪　莹
责任校对：周　昕
封面摄影：孟发国
视频编辑：李　虓

图书在版编目（CIP）数据

习仲勋画传／夏蒙　王小强　著．—北京：人民出版社，2018（2024.2 再版）
（改革开放元勋画传丛书）
ISBN 978－7－01－019846－0

I. ①习…　II. ①夏…　②王…　III. ①习仲勋（1913–2002）－传记－画册
IV. ① K827=7

中国版本图书馆 CIP 数据核字（2018）第 221331 号

习仲勋画传
XI ZHONGXUN HUAZHUAN

夏　蒙　王小强　著

人民出版社 出版发行
（100706　北京东城区隆福寺大街 99 号）

北京华联印刷有限公司印刷　新华书店经销

2024 年 2 月第 3 版　2024 年 2 月北京第 1 次印刷
开本：880 毫米 ×1230 毫米 1/32　印张：11.75
字数：226 千字

ISBN 978－7－01－019846－0　定价：78.00 元

邮购地址 100706　北京东城区隆福寺大街 99 号
人民东方图书销售中心　电话：（010）65250042　65289539